高校教育教学模式的变革与创新探究

韩 越 王明哲 张 珍 著

中国国际广播出版社

图书在版编目（CIP）数据

高校教育教学模式的变革与创新探究／韩越，王明哲，张珍著. -- 北京：中国国际广播出版社，2024.8.
ISBN 978-7-5078-5601-9

Ⅰ . G642

中国国家版本馆 CIP 数据核字第 20246BM902 号

高校教育教学模式的变革与创新探究

著　　者	韩　越　王明哲　张　珍
责任编辑	张娟平
校　　对	张　娜
封面设计	万典文化

出版发行	中国国际广播出版社有限公司
电　　话	010-86093580　010-86093583
地　　址	北京市丰台区榴乡路 88 号石榴中心 2 号楼 1701
邮　　编	100079
印　　刷	天津市新科印刷有限公司

开　　本	787 毫米×1092 毫米　1/16
字　　数	248 千字
印　　张	13
版　　次	2025 年 1 月第 1 版
印　　次	2025 年 1 月第 1 次印刷
定　　价	78.00 元

PREFACE 前 言

在当今快速发展的信息时代，高等教育面临着前所未有的挑战与机遇。技术的迅猛发展、学生需求的多样化以及全球教育环境的变革，共同推动着教学模式的持续创新。本书旨在深入探讨当前高等教育教学模式的变革现状、国际经验、国内实践以及未来发展方向，以期为教育工作者、政策制定者和学者提供参考与启示。

第一章从研究背景和意义出发，详细分析了当前高校教育面临的主要挑战和教学模式创新的必要性。随后的章节，通过对我国高等教育历史与发展的回顾，梳理了传统教学模式的演变，并针对当代教育需求的变化进行了详尽讨论。第三章和第四章分别从国际视角和国内实践的角度，展示了教学模式创新的多样化路径和实际案例，为本土教育实践提供了宝贵的参考。

书中还探讨了影响教学模式创新的内外部关键因素，并在第六章和第七章中分析了高校教育模式的变革方向和实施策略。最后一章对未来教学模式的发展趋势进行了预测，并探讨了新技术如人工智能、虚拟现实在教育中的应用前景。

通过本书，我们期望能够为读者提供一个全面的视角，以理解教学模式变革的深层动因与实践意义，同时为未来的教育变革提供指导和建议。

作 者
2024 年 5 月

CONTENTS 目 录

第一章　研究背景与意义

第一节　当前高校教育面临的挑战

在当今社会，高等教育面临诸多前所未有的挑战。这些挑战源自社会、经济、技术和文化等多方面因素的变化，对高校的教育模式、教学内容、教育质量以及教师和学生的互动都提出了新的要求。首先，随着全球化和信息化的加速发展，高校教育必须应对来自国际竞争的压力。这不仅要求教育内容和方法的国际化，还需要培养学生的全球视野和跨文化交流能力。其次，技术的快速进步，尤其是人工智能、大数据等新兴技术的应用，正在深刻改变教育的传统模式，这要求高校不断更新教育技术和教学方法，以适应数字时代的需要。此外，高校还需要面对学生多样化带来的挑战。不同背景、能力和需求的学生群体对个性化和差异化教学提出了更高要求。高校必须创新教育策略，以满足所有学生的学习需求，促进他们的全面发展。可以说，当前高校教育面临的挑战是多方面的，涉及教育理念、教学方法、资源配置及社会适应等多个层面。只有全面理解这些挑战，并采取有效的对策，高校教育才能在不断变化的环境中保持活力和竞争力。本书将深入探讨这些挑战，并提出应对策略，以期为高校教育的改革与发展提供参考和启示。

一、高质量发展的挑战

随着我国高等教育规模的迅速扩张，特别是经历了高职教育的大规模扩招和"双一流"建设的推动，我国已经成为全球高等教育规模最大的国家。虽然教育体量庞大，但质量提升仍是一大挑战。处于大众化向普及化过渡的高校，面临着需要深思的问题：应当追求何种形式的普及化教育，以及如何实现这一目标。本书将围绕教育质量这一核心问题展开，探讨从培养人才、科研活动到社会服务三大方面的挑战。

（1）培养高质量人才的挑战尤为关键。在经济和科技领域，竞争最终归结为人才的竞争。高质量人才应具备均衡的知识水平、专业技能与思想品德。本书认为，高质量人才包括两类：一类是全面发展的复合型人才，他们掌握跨学科的知识，能进行跨界合作，并具备出色的问题解决能力；另一类是深耕细作的专业型人才，他们对自己领域的历史与发展有深入理解，并能在必要时进行科学预测和推断。

在新时代，高校在培养高质量人才的过程中面临多重挑战，这包括推进学生掌握坚实的理论基础、培养学生的问题思考与探究能力，以及锻炼学生的科学直觉等方面。这些挑战同时也反映了社会对高质量人才的基本素质要求。此外，从价值观层面看，高校还需考虑如何更好地与国家社会联动，引导学生树立正确的价值观，激励他们为国家繁荣与民族振兴贡献力量，为我国的高等教育事业和社会整体发展注入活力。

（2）高质量科学研究的挑战。2018 年 11 月，教育部发布了一项通知，旨在清理高等教育中存在的"唯论文、唯职称、唯学历、唯奖项、唯帽子"等现象[①]。这一举措标志着对高质量科学研究重要性的重新认识，强调了我们需从追求数量转向追求研究质量。科学研究不应仅为了满足形式的要求或完成任务指标，而应当追求真正的创新和应用价值。

我国虽然在高等教育规模上已居世界之首，但在科研水平上与欧美等发达国家仍存在不小差距。要缩小这种差距，我们需要从宏观和微观两个层面提升科研质量。宏观上，需要提高基础研究的水平和质量；微观上，应提升重大科研设施设备的利用效率，并创造一个良好的科研环境，从而培养和吸引更多科研人才。

面对这些挑战，综合性大学在普及化背景下应如何行动？提升原始创新能力，构建高质量的科研体系，以及完善科研人才培养机制，都是当前高校亟须解决的问题。

（3）开展高质量社会服务的挑战。高质量的社会服务是高校发展不可或缺的一部分，其不仅是智力服务和产品服务的重要输出途径，也是提升高等教育质量的关键。例如美国的威斯康星大学，就将社会服务视为办学的核心原则。

我国学者也对社会服务的重要性有深入的探讨。李中国强调，提高社会服务能力应包括提升科研能力及其转化为社会生产力的能力[②]，这也是提升高校对社会影响和辐射能力的关键。吴峰则指出，区域高校的社会服务能力是其在地区经济发展和社会进步中提供智力支持的实际能力[③]。

---

① 教育部办公厅. 教育部办公厅关于开展清理"唯论文、唯帽子、唯职称、唯学历、唯奖项"专项行动的通知 [EB]. (2018-11-07) https：//www.gov.cn/zhengce/2018-12/31/content_ 5441533.htm.

② 李中国. 增强地市高校农村社会服务能力的对策与思路 [J]. 山东师范大学学报（社会科学版），2005（1）：142-143.

③ 吴峰. 论区域高校社会服务能力的培育 [J]. 临沂师范学院学报，2003，25（2）：34-36.

随着高校角色的多元化①，高校还需面对教师如何顺利完成角色转换、如何评价教师的社会服务活动等挑战。这些挑战在高等教育普及化的大背景下尤为突出，需要高校在服务社会的过程中不断适应时代的发展，提升其社会服务的质量和效果。

二、办学体制多元化的挑战

随着教育普及化的推进，我国高等教育制度建设面临着必须不断优化和完善的要求。所谓办学体制，指的是高等院校与举办主体之间的关系框架。习近平总书记在2018 年全国教育大会上曾强调，"要深化教育体制改革""要深化办学体制和教育管理改革"。这一指示明确了高校办学体制由单一向多元转变的必要性，这不仅是去行政化的要求，也是克服形式主义弊端、推进教育现代化的重要环节。

（一）办学主体多元化的挑战

办学主体的多元化有助于推动高等教育的多样化发展。在教育普及化的大背景下，高校的办学体制需要从单一模式转向多元化，形成相互制约的共同体，以更好地平衡党委领导下的校长负责制和教授治校之间的关系，协调学术与行政间的不对称关系。实现办学主体的多元化，要求激发政府与社会双主体的办学动力，逐步形成多渠道资金筹措的模式，并鼓励企业及个人参与办学，以开辟办学的新格局。

收费制度多元化的挑战也不容忽视。随着普及化的深入，高校规模不断扩大，对教育质量的要求也在不断提高，这给一些低收入家庭带来了沉重的经济负担，成为制约高校发展的一大障碍。因此，改革和完善现行的高校收费制度，使其多元化成为迫切需求。需要深入探讨如何分担教育成本、增加高校的经济来源、转变政府的资助方式等问题。

（二）管理部门多元化的挑战

管理部门的多元化是实现普及化阶段高校管理体制改革的关键。多元化管理有助于明确高校职责、简化管理模式，赋予高校更大的自主管理权，克服行政化的弊端。目前，我国高校实行中央和地方两级管理体制，清晰界定政府在高校中的角色至关重要，以减少政府"缺位"或"越位"带来的负面影响。此外，还需要考虑如何平衡私

---

① 罗志敏、陈春莲. 校友关系与大学社会服务功能拓展：武汉大学"1500 亿引资回汉计划"的案例研究［J］.国家教育行政学院学报，2019（5）：37-45，53.

立与公立高等教育系统的管理，以及如何拓展教育管理部门的职能，以适应教育多元化的新要求。

三、办学体制多元化的挑战

2021 年，我国正式进入"十四五"开局之年，这一新阶段对高等教育体系提出了新的发展要求。作为世界上最大的高等教育体系之一，我国高校在从传统过渡到现代化的过程中，面临着识变、求变和应变的任务。中国高等教育学会副会长管培俊在"高校数字化建设创新与发展"研讨会上指出，新的发展阶段将促成一个更加大众化、公平和高质量的高等教育体系①。本书将从理念、目标和地位三个方面探讨高校发展形态所面临的挑战。

（一）更新理念的挑战

高等教育理念是通过教育实践形成的理性认识、价值追求和思想观念②。英国伦敦大学教育学院教授罗纳德·巴尼特在其著作《高等教育理念》中提到，"解放"是最重要的高等教育理念之一，强调学生，即人的自由解放③。这一思想突出了思想自由和解放思想的重要性，是重构高等教育理念的关键目标。现代高等教育理念应秉承"以人为本"的精神，围绕培养人才、教学科研、提高教育质量等核心理念不断扩展和丰富④。高校需聚焦这些理念，思考如何通过它们推动自身的现代化转型。

（二）重塑目标的挑战

高等教育的发展阶段——精英化、大众化和普及化，虽相互独立，但并不冲突。耶鲁大学教授威廉·德雷谢维奇提出，高等教育的真正目的在于"塑造灵魂"。在普及化的今天，重新定义高等教育的目标变得尤为重要，以确保教育不仅帮助学生树立正确的价值观，而且促进其全面成长。我国教育家叶圣陶也曾强调，培养专门人才应是高等教育的主要目标⑤。因此，重新塑造高等教育的目标，使之既具有塑造灵魂的深度又富有实用性，是当前高校发展的关键挑战。

---

① 管培俊. 振兴中西部高等教育助力高质量发展 [J]. 中国高教研究，2021（12）：1-5.
② 朱为鸿. 当代中国高等教育若干理念及其伦理辩护 [D]. 福建师范大学，2003.
③ 巴尼特. 高等教育理念 [M]. 北京：北京大学出版社，2011.
④ 徐显明. 当代高等教育的十大核心理念 [EB/OL]. http://www.whcvc.edu.cn/2015/0512/c1361a20000/page.
⑤ 胡娟. 叶圣陶教育思想研究的新收获：读《为人生的教育——名家名师对话叶圣陶》[J]. 江苏教育研究，2019（Z2）：109—110.

（三）巩固地位的挑战

无论在国内还是国外，高校的角色日益重要，社会经济发展对高技能和高水平劳动力的需求不断增加。因此，保持高校在社会发展中的优先地位显得尤为关键。这需要从政策和财政两方面加强对高校的支持。仅有持续的投资和政策支持，高校才能继续为社会培养人才、产出科研成果。同时，高校需要巩固其在全球教育领域的地位，这不仅涉及国内政策的支持，还包括如何在全球化和国际化的环境中发挥其独特的作用和优势。

四、信息化建设的挑战

随着科技的飞速发展，特别是第四次工业革命的推进，信息化已成为高等教育发展的必然方向。特别是自 2019 年底新冠疫情暴发以来，线上教学成为主流，高校迅速采用了各种在线学习软件和程序。这不仅极大地推动了教学和管理方式的转变，也显著提高了教育资源的利用效率。在这一背景下，提升高校的信息化建设水平提升，已成为推动高质量教育发展的关键任务。

（一）在促进高校的发展和改革方面

信息化对高等教育的影响是全方位的，它涉及教学内容、教学方式、组织形式以及管理模式等多个方面。信息技术的运用不仅是高等教育领域的革命，也是推动高校持续改革和发展的动力源泉。在我国，高校作为国家重大战略的实施者，需要充分融入信息化建设的浪潮中，不断提升信息化建设水平，以应对日益增长的教育改革和发展需求[①]。

随着新技术的快速发展，高校必须适应数字时代的教学和管理要求。这包括从传统的课堂教学模式过渡到更加灵活的在线和混合学习模式，这不仅能够扩大教育资源的覆盖范围，还可以提供更加个性化和定制化的学习体验。例如，通过大数据和学习分析工具，教师可以更准确地追踪学生的学习进度和理解情况，从而提供有针对性的指导和支持。

此外，信息化也极大地改变了高校的管理方式。通过引入先进的信息系统和智能化工具，高校管理者能够更高效地处理行政任务，如学生信息管理、财务管理和资源

---

① 张务农，黑雪慧. 高等教育信息化建设：现状、前沿与趋势 [J]. 高等教育评论，2020，8（2）：155-167.

分配。这些系统不仅提高了操作的透明度和准确性，还使得决策过程更加科学化。

然而，信息化建设也带来了挑战，尤其是在确保信息安全和隐私保护方面。高校需要建立严格的数据保护政策和技术措施，以防止数据泄露和其他安全威胁。同时，还需对师生进行信息技术的培训，提升整个校园社区的数字素养，确保每位成员都能安全、有效地利用现代信息技术。

综上所述，信息化不仅为高校带来了前所未有的发展机遇，也对其教学、管理和战略规划提出了新的要求。高校应抓住这一趋势，积极推动信息化战略的实施，以保持在教育改革和发展中的领先地位。

（二）在促进高校实践和创新方面

信息化已经深刻地改变了传统的教学模式，为远程教育系统带来了根本性的变革。随着信息技术的快速发展，教育实践者面临着不断的创新需求，以适应这些技术的变化。高校在教学和科研等方面积极利用信息技术，不仅能显著提升工作效率和质量，还能推动整个教育系统的现代化进程。

在教学方面，信息化使得课程内容和教学方法更加多样化和灵活。通过在线平台，教师能够提供多媒体教学材料，如视频讲座、互动模拟和虚拟实验，这些都极大地丰富了学生的学习体验，并提高了学生的学习互动性。此外，智能教学系统能够根据学生的学习进度和表现提供个性化推荐，使学习更加符合个人需求。

在科研方面，信息化技术的应用正在重新定义研究的范畴和方法。大数据分析、云计算和人工智能等工具不仅加速了科研数据的处理速度，还提高了研究的精确度和深度。例如，通过高性能计算平台，研究人员可以处理庞大的数据集，快速验证科研假设，从而加速科学发现的过程。

同时，信息化还促进了学术合作的国际化。利用数字通信技术，教师和研究人员可以轻松地与全球同行进行交流和合作，分享研究成果，参与国际会议，从而扩大研究的影响力。这种跨国界的学术合作为解决全球性问题提供了新的视角和解决方案。

然而，这种变革的推动也面临着挑战。高校需要确保所有教师和学生都能访问到必要的技术资源，并且必须投入相应的培训资源，以提高他们的技术熟练度并改进教学方法。此外，教育机构还需要不断评估和更新其信息技术基础设施，以支持日益增长的数据需求和更复杂的技术应用。

总体来说，信息化不仅是教学和科研的辅助工具，它已成为高校创新和实践的核心。通过有效利用这些技术，高校不仅能够提升教育质量和科研效率，还能在全球教育和科研舞台上保持竞争力。

（三）在促进高校国际化和现代化方面

信息技术的广泛应用已经引领教育信息化进入 2.0 时代，这不仅改变了教学和学习的方式，而且对高校的国际化和现代化提出了新的要求。杨锐说："国际化是雪中送炭，而不是锦上添花。""正确的国际化不仅是我们的要求，也是世界之需。"[①] 在全球化背景下，正确的国际化策略成为教育发展的必要条件，同时也是响应全球教育需求的重要步骤。信息化不仅支撑高校提升教育质量，也是高校融入全球教育体系、增强国际竞争力的关键工具。

高校国际化的一个重要方面是提升其在国际学术研究和教育合作中的能力。通过信息技术，高校能够与世界各地的教育机构进行更加密切的合作。例如，虚拟交换程序和在线国际课程使学生能够接触到其他文化和学术环境，而无需离开本国。此外，线上国际会议和研讨会也为教师和研究人员提供了展示研究成果和建立合作关系的平台。

在现代化方面，信息化推动了教育管理和运营的自动化和智能化。高校通过引入先进的管理信息系统，如学生信息系统、资源计划软件以及数据分析工具，能够更有效地管理教学资源、优化教育投资回报，并提高决策的质量。这些系统的实施有助于高校在日益激烈的国际竞争中保持优势。

然而，要实现这些目标，高校必须克服一系列挑战，包括技术更新的资金需求、师生的技术培训需求以及跨文化交流的复杂性。此外，高校还需要确保遵守国际数据保护法规，保障学生和教师的信息安全。

通过持续的技术创新和有效的国际合作，高校可以在全球教育舞台上扮演更加重要的角色，提高其教育质量和研究影响力。未来，信息化仍将是推动高校国际化和现代化的关键因素，以助力高校应对快速变化的全球教育环境。

总体来看，信息化不仅是高校应对当前挑战的手段，更是高校走向未来的桥梁。随着教育信息化的深入发展，高校必须不断提升对信息技术的应用能力，将信息化策略深入到教育教学、管理和科研的各个层面，以实现高校的高质量发展和现代化转型。

五、终身化教育体系建构的挑战

终身化教育已成为当代社会的重要需求，它是个人在知识和技能方面持续发展的

---

① 杨锐. 中国高等教育国际化：走出常识的陷阱 [J]. 北京大学教育评论，2021，19（1）：165-172.

必要条件，有时甚至是一种强制性的要求。终身教育的核心理念强调在文化生活和职业资格等领域的持续发展。如果社会和行业教育系统本身未能实现终身化的发展，那么高等教育的终身化也难以真正实现。保罗·朗格朗，法国著名的教育思想家和成人教育家，在其 1965 年的著作《终身教育引论》中首次提出了这一思想。尽管近年来越来越多的人关注、认同并实践终身教育，但我国的终身教育体系规模仍然较小，大众对终身教育的理解和认识仍需加强。

在高等教育普及化的新形势下，接受高等教育的人数逐年增多，就业市场的竞争愈发激烈，行业标准也不断提高，这些都是社会层面的因素。同时，现代人在思想上追求卓越，希望通过学习不断提高自己的文化水平和能力，以在职场上实现自我价值，这是个人层面的因素。因此，无论从社会还是个人的角度来看，我国高校的发展都应坚持终身教育的理念。

首先，终身教育是高等教育的延伸，而不是替代。我国的古语"活到老，学到老"可能是关于终身教育最早的思想之一。终身教育的概念打破了时间和空间的限制，它不仅仅局限于传统的高校教育场所，而是应当成为社区、企业等组织中常见的学习和培训活动。终身教育超越了传统教育阶段的界限，意味着即使完成了大学或研究生学业，学习也并未结束，而是新的学习旅程的开始。在工作岗位上的持续学习和自我提升是终身教育的一个重要方面。

其次，终身教育与高等教育的关系是整体与部分的关系。终身教育涵盖了从小学到大学及职业培训等各个阶段和领域的教育，它是全面的、跨学科的，并贯穿个人的一生。高等教育是终身教育体系中的一个重要组成部分。我们必须正确理解终身教育，它不是各种教育形式的简单相加，而是各类教育形式的相互融合，旨在任何时间都能为个人提供适应社会进步需求的知识和技能。

最后，终身教育的发展依赖于高等教育的动力支持。目前，我国高等教育的发展势头良好，并已步入普及化阶段，这为终身教育的实施提供了坚实的基础。普及化的高等教育激发了公众的终身学习潜力，促进了教育公平，同时也增强了基础教育在支持终身学习中的作用。因此，在构建终身教育体系时，高校面临的挑战包括如何转变大众对终身教育的认知、明确终身教育与高等教育的关系，并思考如何为终身教育的实施提供有效服务。

六、扩大对外开放的挑战

当前，全球高等教育展现出中心与边缘的结构，其中优秀学术人才不断从边缘流向学术中心[1]。尽管我国高校在国际化的道路上不断前行，但在开放程度上仍显不足。高等教育的大国地位并不等同于教育强国，因此，要建设教育强国并提升教育质量，必须让高校持续扩大对外开放。高校肩负着推动国际化、现代化以及深化文明交流互鉴的历史责任，因此，不断提升高校的开放程度是推动我国高等教育整体发展的重大使命。

（1）扩大高校对外开放，实现内涵式发展的挑战。相对于规模扩张的外延式发展，内涵式发展以稳定规模和优化结构为主要目标，是高等教育新的发展理念和模式。在我国高等教育步入普及化新时期的背景下，内涵式发展已成为必由之路。通过扩大对外开放，高校可以畅通与世界高等教育的交流渠道，推动教育资源的互联共享，完善教育资源配置机制，加强教育质量控制和效果评价，从而不断提升教育的质量、优化规模和提升效益。在实现高等教育内涵式发展的基础上，助推我国高校实现以服务为导向、明确发展目标、践行新发展理念的内生动力的全面发展。

（2）扩大高校对外开放，积极主动为国家发展战略服务的挑战。以普林斯顿大学"为国家服务"的校训为例[2]，扩大高校对外开放的终极目标是让高校积极主动地服务于国家发展战略，实现高等教育的内在价值追求。在这一过程中，应坚持"引进来"与"走出去"相结合的原则，吸引国外优秀学生和借鉴国际先进的治学管理经验，推进高质量境外办学和优质留学教育。坚持这一双向策略，能为我国高等教育的国际话语体系提供坚实支撑，使高校在为国家发展战略服务中发挥实际作用。

（3）扩大高校对外开放，对标世界一流学科和大学的挑战。我国高校必须树立扩大对外开放的远大志向，这是树立卓越发展观的起点。伟大的理想引领着高等教育的普及和未来发展的变革。虽然许多国内高校已具备国际竞争力，但我们也必须看到在一流大学和一流学科建设中存在的不平衡和不足。在普及化新阶段，高校应以扩大对外开放为己任，借鉴国外优秀教育资源，同时摒弃不适合本土条件的做法。扩大对外开放不仅是历史的选择，更是与世界一流大学接轨的战略契机，也是实现精准发展的重要途径。

七、特色化发展的挑战

随着我国高等教育进入普及化阶段，各高校间的同质化现象逐渐显现，这主要体

① 李梅. 全球化新变局与高等教育国际化的中国道路［J］. 北京大学教育评论，2021，19（1）：173-188.
② 邱水平. 对新时代中国高等教育内涵式发展的几点思考［J］. 中国高等教育，2020（19）：12-16.

现在校训、专业设置、课程内容及教学模式等方面的趋同。同质化不仅加剧了大学生就业难的问题，同时也使得用人单位难以招到合适的人才。因此，提高人才供需匹配度的关键在于推动高校采取差异化的发展路径。特别是在国家发展战略的关键时期，如创新驱动发展战略、乡村振兴战略，以及"一带一路"倡议等，对人才的需求比历史上任何时候都要迫切，这进一步凸显了高校特色化发展的重要性。

特色化高校不仅是中国特色社会主义的缩影，也是中国特色社会主义高等教育发展目标的体现。李一希教授曾提出，"坚持中国特色与争创世界一流是中国特色社会主义高等教育发展目标的双重要义"①，强调这两者并不矛盾。从近年来高校发展的现状可以看出，同质化带来的问题尤其在人才选拔上最为明显，这与培养多样化人才的目标大相径庭。因此，只有打破同质化的局限，高校才能适应科技和产业革命带来的新模式和变化，有效应对新的社会问题和挑战。

特色化发展不仅是高校的义务和任务，更是新时代对高校提出的挑战。特色化发展有助于高校实现多元化发展，这是应对普及化挑战、满足社会经济需求对多学科人才的要需求的基础。特色化可以涵盖学生个性化发展、学习方式的创新或学校整体特色的塑造，而多元化则体现在学生背景、学习路径或学校类型的多样性上。

在全面推进高等教育高质量发展的过程中，特色化发展对高校而言至关重要。这不仅关乎每位学生的未来，也关系到中华民族实现伟大复兴的历史使命。特色化发展要求各高校根据地域、资源和学科优势制定差异化的发展策略，真正实现从"有大学上"到"上好大学"的转变，从而更好地服务于人的全面发展和地区经济建设。

总之，高校面对普及化的新阶段，如何扩大和深化特色发展，通过具体特色引领全面质量提升，是当前和未来一个亟待解决的关键课题。

第二节　教学模式创新的必要性

在当前的教育领域，创新已成为推动学术和技能发展的关键动力。尤其是在高等教育层面，教学模式的创新不仅是响应时代变迁的需求，更是实现教育目标和提升教育效果的必要途径。教学模式创新涉及对传统教学方法、技术和策略的重新思考和革新，以更有效地满足当代学生的多样化需求和适应快速变化的社会与技术环境。

教学模式创新的定义涵盖了一系列设计和实施新教学策略、方法和技术的活动，

---

① 李一希.试论中国特色社会主义高等教育理论若干关系 [J].中国高等教育，2019 (18)：17-19.

旨在提高教育质量并优化学习结果。这些创新可以是小规模的调整，如引入互动式学习技术，或是大规模的教育模式重构，如完全在线的课程或翻转课堂模型。

教学模式创新的意义则体现在多个方面：首先，它能够增强学生的学习动力和参与度，通过提供更加个性化和互动性的学习体验，使学生能够更主动地掌握知识和技能。其次，创新教学模式有助于提升教学效率和质量，通过使用最新的教育技术和方法，教师可以更精确地满足学生的学习需求。此外，随着全球化和技术的发展，教育界需要不断调整和更新教学策略以保持竞争力，教学模式的创新正是响应这一需求的关键。

综上所述，教学模式的创新不仅是适应教育环境变化的必然选择，也是提升教育效果、满足学生需求，以及实现教育目标的有效途径。随着教育技术的不断进步和学生需求的不断变化，高等教育机构需要不断探索和实施新的教学模式，以确保教育质量和相关性。

一、全球化与技术变革对教育的影响

全球化和技术变革已经深刻地重塑了教育领域的许多方面，这些变化不仅影响了教育系统的结构和运作方式，还改变了教育的需求和交付方式。这两大因素共同推动了教育模式的快速发展和创新，以应对不断变化的全球教育环境。

（一）全球化趋势下的教育需求变化

全球化增加了对跨文化能力和国际视野的需求，现代学生需要准备进入一个更加相互依赖和文化多元的世界。教育系统因此需要培养学生的全球竞争力，包括多语言能力、文化敏感性和国际合作技巧。这种变化推动了更多的国际合作项目、学生与教师交换项目以及在课程设计中加入更多的国际化内容。此外，全球化也促进了教育机会的均等化，使学生无论身在何处，都可以接触到世界级的教育资源和课程，这对教育提供者而言，既是挑战也是机遇。

（二）技术进步推动教学模式创新

技术进步在教学模式创新中扮演了核心角色。互联网、移动技术、人工智能和大数据等技术的发展，不仅改变了人们获取信息和交流的方式，也极大地扩展了教学的可能性。例如，通过在线学习平台，学生可以不受地理和时间的限制，随时随地访问各种教学资源。同时，人工智能的应用使得个性化学习成为可能，教育软件和系统可以根据学生的学习进度和表现提供定制化的学习建议和资源。

此外，技术进步还促进了教学方法的多样化。虚拟现实（VR）和增强现实（AR）技术的应用为实现沉浸式学习环境提供了工具，使学生能够通过模拟经验更深入地理解复杂的概念和过程。同时，这些技术也支持了更加具有互动性和参与性强的学习活动，提高了学生的学习动力和效率。

总之，全球化和技术变革共同推动了教育领域的深刻变革。这些变革不仅要求教育机构调整教育内容和方法，以满足新的教育需求，也为教育创新提供了新的技术手段和教育思路。为了保持竞争力和相关性，高等教育机构必须利用这些新的工具和理念，不断创新教学模式，提高教育质量和效果。

二、传统教学模式存在的问题

随着教育需求的演变和学生背景的多样化，传统的教学模式逐渐显露出一些不适应现代教育目标的问题。这些问题不仅影响了学习效率，还可能阻碍学生全面发展的潜能。由于下文还要专门讨论传统教学模式，在这里仅简单提出一些问题。

（一）知识传授与学习动力的脱节

传统教学模式往往过于侧重于知识的单向传授，忽视了激发学生的学习动力和兴趣。这种以教师为中心的教学方式可能导致学生被动接受知识，而缺乏主动探索和批判性思考的机会。当教学内容与学生的实际兴趣和未来职业发展需求脱节时，学生的学习积极性和内在动力可能会大幅下降，从而影响学习效果和满意度。

（二）教学资源分配不均

在传统教学模式中，资源往往集中在特定的优势学科或特定的学生群体，导致教学资源分配不均。这种现象在资源有限的教育环境中尤为突出，例如，一些地区或学校由于资金、设备或师资力量的限制，无法为学生提供高质量的教育体验。此外，优质教育资源的不均衡分配也加剧了不同学校之间以及城乡之间的教育差距。

（三）学生需求多样性与个性化教学的缺失

随着学生背景的多元化，不同学生对学习风格、速度和内容的需求也呈现出高度多样性。然而，传统教学模式往往采用"一刀切"的教学策略，无法满足所有学生的个性化学习需求。缺乏个性化教学的环境不仅可能导致某些学生的潜能未能得到充分发挥，也可能使一部分学生在学习过程中感到挫败或被边缘化。

综上所述，传统教学模式在知识传授与激发学习动力、教学资源的公平分配以及满足学生个性化需求方面存在显著不足。为了解决这些问题，高等教育机构需要探索和实施更为灵活和包容的教学模式，以适应当代教育环境的需求，并促进所有学生的全面发展。

三、创新教学模式的案例分析

随着教育技术的发展和教学需求的变化，创新教学模式成为改善和优化教育效果的重要途径。以下是几种已被广泛采纳并证明有效的创新教学模式，这里仅做简单讨论。

(一) 翻转课堂

翻转课堂模式颠覆了传统课堂教学的流程，将"课堂讲授"和"家庭作业"这两个环节进行了调换。在这种模式下，学生在课前通过观看视频讲座、阅读材料或其他多媒体内容来学习新知识，而课堂时间则用于讨论、解决问题和进行深入分析。这种模式优化了课堂时间的使用效率，使教师能够更多地关注学生的个别差异，提供定制化的指导和支持。

(二) 项目式学习

项目式学习（Project-Based Learning）是一种以学生为中心的教学方法，强调通过实际项目的完成来进行学习。学生在教师的指导下，选择或被分配到具体的项目，需要运用跨学科的知识来解决复杂的问题。这种方式不仅提高了学生的实际操作能力，还激发了他们的创造力和批判性思维能力，使学习更加贴近实际生活和职业需求。

(三) 混合学习 (Blended Learning)

混合学习是指将传统的面对面教学与在线学习结合起来的教学模式。这种模式利用线上教育资源丰富课程内容，并通过线下交互增强学习体验。混合学习提供了灵活性和便利性，允许学生根据自己的学习节奏和时间安排来调整学习进度，同时也保留了教师指导和同伴互动的优势。

（四）游戏化教学（Gamification）

游戏化教学是指在教学过程中引入游戏设计元素，如积分系统、等级提升、虚拟奖励等，以增强学生的学习动力和参与度。通过将学习内容与游戏机制相结合，游戏化教学能够使学习过程变得更加有趣和吸引人。这种方法尤其适用于需要长期动力和深度参与的学习场景。

这些创新教学模式各有其特点和适用范围，它们的共同目标是通过提供更加丰富多样的学习方法来提升教育的效果和效率。随着教育技术的不断进步和教育理念的更新，这些模式将继续被优化和改进，以更好地满足学生和教育机构的需求。

四、教学模式创新对提升教育质量的重要性

创新教学模式不仅是为了应对教育环境的变化，更是为了直接提升教育质量和学生学习效果。以下是教学模式创新对教育质量提升的几个关键方面：

（一）促进学生批判性思维和问题解决能力的发展

在现代教育中，培养学生的批判性思维和问题解决能力已成为一项重要目标。传统教学模式虽然在知识传授方面具有优势，但在培养学生这些关键能力方面显得不足。因此，创新教学模式，如项目式学习和问题基础学习（Problem-Based Learning）应运而生，这些模式要求学生积极参与到实际问题的解决过程中，从而有效弥补了传统教学的不足。

1. 项目式学习和问题基础学习的特点

项目式学习和问题基础学习都是以学生为中心的教学方法，强调学生在学习过程中主动探索和解决问题。项目式学习通常围绕一个复杂的、跨学科的项目展开，学生需要在项目实施过程中应用各种知识和技能，最终完成一个具体的成果。问题基础学习则以具体的问题为起点，学生通过自主学习和团队合作探究解决问题的路径和方法。

2. 促进批判性思维的发展

这些创新教学模式强调分析、评估和创造，能够有效地促进学生的批判性思维能力。在项目式学习和问题基础学习过程中，学生不仅要理解和掌握知识，还要学会如何质疑现有的知识体系，如何从多个角度分析问题，以及如何提出和评估解决方案。这种学习方式鼓励学生独立思考，培养他们对信息的批判性态度和对知识的深层理解。

3. 增强问题解决能力

通过处理真实世界的问题，学生能够更好地理解理论与实践的联系，发展其解决复杂问题的能力。在项目式学习和问题基础学习中，学生需要面对和解决实际存在的挑战，这使得他们必须综合运用各学科的知识，并在实践中不断调整和优化解决方案。这样的学习经历不仅提升了学生的知识应用能力，还培养了他们的创造力和灵活应变能力。

4. 真实世界问题的处理

项目式学习和问题基础学习强调与现实生活的紧密联系。学生在学习过程中处理的是真实存在的问题，这使得学习过程更具意义和动力。例如，在一个关于环境保护的项目中，学生可能会研究当地的污染问题，设计解决方案并实际实施。这种真实世界的问题处理方式，使得学生不仅能够学到书本上的知识，还能在实践中深刻理解这些知识的价值和应用。

5. 团队合作与沟通能力的培养

此外，这些创新教学模式还强调团队合作和沟通能力。在项目式学习和问题基础学习中，学生通常以小组形式进行学习和探讨，合作完成任务。这种合作学习方式能够培养学生的团队精神、沟通技巧和领导能力，使他们在未来的工作和生活中能够更好地与他人协作。

总之，项目式学习和问题基础学习通过让学生积极参与到实际问题的解决过程中，显著促进了学生的批判性思维和问题解决能力的发展。这些创新教学模式不仅弥补了传统教学在培养学生关键能力方面的不足，还为学生提供了更加丰富和有意义的学习体验，使他们能够更好地应对未来的挑战。

（二）提高学习内容的吸收和应用效率

为了提高学习内容的吸收和应用效率，现代教育引入了诸多创新教学模式，如翻转课堂和混合学习。这些模式改变了传统教学的结构，使学生能够更主动地参与学习过程，从而显著提高了学习效果。翻转课堂的一个显著优势在于它使学生可以按照自己的节奏学习新内容，有效避免了课堂讲授中普遍存在的"赶进度"问题。学生在自学过程中遇到的问题，可以在课堂上与老师和同学讨论解决，从而加深对知识的理解。此外，翻转课堂还促使学生在课前做好充分准备，提高了课堂的参与度和互动性。混合学习的一个重要优势是灵活性。学生可以根据自己的学习进度和需求，灵活安排学习时间和内容。在线学习资源的丰富性和多样性，也使得学生能够接触到更多的学习材料和方法，有助于进一步提高学习效果。此外，混合学习还能够充分利用课堂时间，进行更深入的讨论和互动，增强学习的实践性和应用性。

翻转课堂和混合学习模式通过让学生在进入课堂之前就开始学习新知识，提高了学习内容的吸收效率。学生在课前通过自主学习，初步掌握了基本概念和原理，课堂时间则主要用于解决疑难问题、进行小组讨论和实际操作。这种教学方式使得学生能够更有效地利用课堂时间，在教师的指导下深入理解和应用所学知识。

通过创新教学模式，学生可以在教师的直接指导下将新知识应用于实际问题中，增强了学习的实践性和应用性。例如，在翻转课堂中，学生在课前自学了某个物理定律，课堂上则可以通过实验或项目实践来验证和应用这一定律。这种实践性的学习方式，使得学生不仅仅停留在理论层面，而是能够将所学知识应用于实际情境中，培养了他们的解决问题能力和动手实践能力。创新教学模式还促进了学生之间的合作与交流。在翻转课堂和混合学习的环境中，学生需要与同学一起讨论和解决问题，分享各自的见解和思路。这种合作学习的过程，不仅帮助学生更好地理解和吸收知识，还培养了他们的团队合作精神和沟通能力。

总之，通过引入翻转课堂和混合学习等创新教学模式，不仅提高了学习内容的吸收和应用效率，还使学生能够更深入地探索学科内容，增强了学习的实践性和应用性。这些模式的成功应用，为现代教育提供了新的思路和方法，有助于培养全面发展的高素质人才。

（三）增强学生的参与度和动力

在现代教育中，增强学生的参与度和学习动力是提高教学效果的重要目标。采用游戏化教学和互动式学习技术的教学模式，能显著提升学生的积极性和参与度，使学习过程变得更加有趣且富有激励性。可以通过积分、徽章、等级等形式的奖励机制，给予学生及时的正面反馈，激励他们不断努力。视觉化的进度条和成就展示，使学生能够直观地看到自己的学习进展和成果，增强了学习的成就感。利用互动白板和在线讨论平台等工具，教师和学生可以进行即时互动和反馈，学生在学习过程中可以随时提问、讨论和分享，增强了课堂的参与度和互动性。

通过游戏化教学和互动式学习技术，学生的学习体验变得更加有趣且激励人心。这些模式不仅能够满足学生对社交和成就感的需求，还能使他们在学习过程中感到更加满意和投入。具体来说，这些教学模式在以下几个方面显著提高了学生的参与度和动力：游戏化教学通过引入有趣的游戏元素，使学习过程充满乐趣和挑战，激发了学生的学习兴趣和动力；互动式学习技术通过丰富的多媒体内容和生动的互动体验，使学生更加投入和专注。游戏化教学中的奖励机制和互动式学习技术中的即时反馈，使学生能够在学习过程中不断获得成就感和鼓励，增强了他们的自信心和学习动力。通过小组竞赛、合作任务和在线讨论等形式，学生在学习过程中能够与同学互动，分享学习经验和成果，满足了他们的社交需求，增强了学习的积极性。

总之，采用游戏化教学和互动式学习技术的教学模式，通过引入竞争元素、进度奖励和视觉反馈等机制，显著提高了学生的参与度和学习动力。这些创新的教学方法不仅使学习过程更加有趣且富有激励性，还能满足学生对社交和成就感的需求，帮助他们在学习中获得更多的满足感和投入度。通过这些方式，教育不仅实现了教学效果的提升，还培养了学生的自主学习能力和积极性，为他们的全面发展奠定了基础。通过引入和实施各种创新的教学模式，高校可以显著提升教学质量，更好地满足现代教育目标。这些教学模式的创新不仅增强了教育的包容性和灵活性，还为学生提供了更多发展关键技能的机会，为他们将来在职业生涯和个人生活中取得成功打下坚实的基础。

第二章 教学模式的演变背景

第一节 我国高等教育的历史与发展

从 1901 年（辛丑年）到 2021 年（辛丑年），我国高等教育经历了 120 年的非凡发展。这一段时间见证了从精英化教育到大众化，再到如今普及化阶段的转变。在"十三五"计划期间，我国的教育普及程度已经达到甚至超过了许多中高收入国家的水平。截至 2020 年底，我国劳动年龄人口的平均受教育年限已达到 10.7 年，其中超过 50.9% 的新增劳动力接受过高等教育。教育被视为国家兴旺发达的基石，也是社会繁荣的重要保障。高等教育是推动我国走向现代化的关键力量之一。一个国家的发展潜力和水平与其高等教育的发展水平密切相关。为了实现中华民族的伟大复兴，教育现代化不仅是一个必要条件，也是我们的国家战略。新时代对高等教育的需求前所未有，社会经济的发展急需新型高技术和高知识的人才。[①] 高等教育不仅关系到国家的生存和发展，也是社会文明进步的载体，对于人类的可持续发展起到了至关重要的作用。展望未来，实现教育现代化和建设教育强国的宏伟目标，迫切要求我国高等教育在人才培养、科学研究、社会服务、文化传承创新及国际交流合作等方面做出实质性的进展和积极响应。这是对中国高等教育系统的挑战，也是其发展的机遇。

我国高等教育的成长路径呈现出鲜明的阶段性特征。这一历程可以划分为几个重要阶段，每个阶段都在我国高等教育的演变中扮演了关键角色。清末时期，随着洋务运动的推进和对外开放的需求，我国开始建立最早的现代高等教育机构，标志着我国高等教育的初步形成。这一时期，高等教育的主要目标是培养能够掌握西方科技和管理知识的人才，期望通过现代化知识改善国家的科技与工业能力。进入民国时期，我国高等教育面临着国内战争与社会动荡的挑战，尽管如此，这一时期的高等教育机构

---

① 新华社．习近平：把思想政治工作贯穿教育教学全过程 开创我国高等教育事业发展新局面 [EB/OL]．(2016-12-09)．http://edu.people.com.cn/n1/2016/1208/C 1053-28935842.html.

数量仍有所增长，教育体系开始向多元化和现代化迈进。民国时期，一批有影响力的大学建立，这些学府后来成为我国高等教育的重要基石。1949年新中国成立后，高等教育进入了一个全新的探索发展阶段。政府开始大力支持教育事业，通过国家计划和政策引导，高等教育得到了迅速扩展与整合。教育的普及和质量显著提升，为国家的工业化和现代化提供了大量的人才支持。改革开放后，我国高等教育步入了快速发展阶段。政府实施了一系列扩大招生规模、提升教育质量和推动国际合作的政策，高等教育机构不仅数量增加，其教学和研究水平也得到了国际认可。此外，随着市场经济的发展，高等教育开始更加注重与产业需求的对接，培养更多创新型和应用型人才。今天，我国已经从一个高等教育资源相对匮乏的国家发展成为一个教育强国。高等教育的普及率显著提高，研究与创新能力大幅增强，我国的高等教育在全球的影响力日益扩大。未来，随着全球化和科技革命的深入发展，我国高等教育将继续面临新的挑战和机遇，迎来更加广阔的发展前景。[①]

一、清末时期高等教育的诞生（1901—1911）

我国高等教育的诞生与中华民族的屈辱历史密切相关。1898年戊戌变法期间，同年7月3日，清光绪皇帝下诏创立京师大学堂，这标志着我国高等教育萌芽的开始。然而，戊戌变法仅持续百日便告失败，随后清政府下令停止各省书院改建学堂的计划。1900年庚子之乱爆发，慈禧太后和光绪皇帝被迫出逃西安，清王朝在这场动乱中受到了沉重打击，国势风雨飘摇。

面对内忧外患，清政府痛定思痛，不得不重新审视并推行三年前戊戌变法时期提出的新政。1901年9月，清政府在西安颁布诏令，将各省城的书院一律改设成大学堂。这一诏令标志着我国高等教育的真正起步。经过紧锣密鼓的筹备，各省于1902年将省城书院改建为大学堂。同年，清政府颁布了《钦定高等学堂章程》[②]，这份文件标志着我国近代高等教育从传统学术体系中开始向现代化方向发展。

尽管如此，当时设立大学堂的目的和办学宗旨依然受到传统观念的束缚。政府倡导"师夷之长技以制夷"，即学习西方的长处以对抗西方，同时强调"中学为体，西学为用"。这种"体"与"用"之争，使得我国的高等教育在初期阶段无法完全摆脱

---

① 安心，熊芯，李月娥. 70年来我国高等教育的发展历程与特点［J］. 当代教育与文化，2020，12（6）：75-80.

② 曲铁华，王美. 民国时期高等教育政策的历史演进及特点探析［J］. 现代大学教育，2013（4）：78-83，112-113.

传统的影响，尚不能称为完全意义上的近代高等教育。

在这种历史背景下，我国高等教育的发展一方面受到西方现代教育体系的启发，另一方面又深受本土文化与传统教育理念的影响。京师大学堂的成立，虽然是我国高等教育发展的开端，但其背后仍有许多复杂的政治、文化和社会因素交织，使得这一新生事物在推行过程中面临诸多挑战与争议。正是这些因素的共同作用，塑造了我国高等教育初期的面貌，并为其后续发展奠定了基础。

二、民国时期高等教育的曲折发展

经历 10 年的短暂蓬勃发展后，我国高等教育迈入了新的发展阶段——民国时期。在这一时期，我国政局动荡、经济社会发展不稳定，思想文化错综复杂。高等教育在理想与现实之间不断周旋，既借鉴传统，又在稳定与革新之间徘徊调适（如图 2-1 所示）。在这种特定的历史条件下，我国高等教育逐渐形成了一套较为完备、成熟的政策体系。

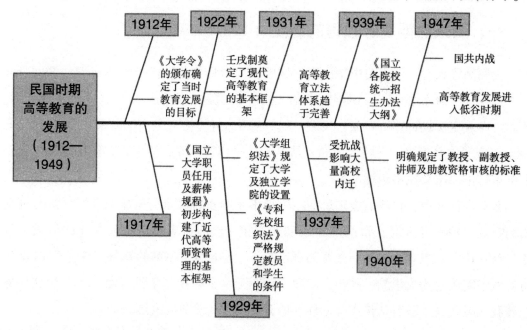

图 2-1　1912—1949 年中国高等教育发展

民国时期的高等教育面对诸多挑战，但也取得了一定的成就。尽管政局不稳，但各地高校在课程设置、教学方法以及科研活动等方面进行了诸多探索与创新。这一时期的高等教育不仅是知识传播的阵地，更成为新思想、新文化的发源地，为我国社会的现代化进程做出了重要贡献。

在政策层面，民国政府通过一系列法令和规章制度，逐步建立起规范的高等教育管理体系。这些政策不仅规范了高校的办学行为，也在一定程度上推动了教育质量的提升。民国时期的高等教育，尽管面临内外部诸多困难，却在曲折中不断前行，奠定了现代中国高等教育的基础。

（一）抗战前的高等教育沿革（1912—1931）

抗日战争以前，依据时局的变化，我国的高等教育发展主要分为三个阶段。

1912 年 9 月 2 日，中华民国政府教育部颁布了一项重要政策，强调"注重道德教育，以实利教育、军国民教育辅之，更以美感教育完成其道德"的教育宗旨[1]。这一政策体现了政府对于综合素质教育的重视，旨在培养具备道德修养、实用技能和军事素质的全面发展的人才。其希望通过这样的教育体系，塑造出具备独立思想、强烈爱国精神和实用技能的国民，为国家的未来发展奠定坚实的基础。

同年，中华民国教育部颁布了《大学令》，为我国高等教育的发展提供了强有力的理论支持和实践指导。[2]《大学令》明确指出，大学的职能不仅限于传授知识和技能，更应担负起培养高素质人才、推动社会进步的重要使命。根据这一法规，大学应积极响应国家的号召，通过教授学术、传播知识以及培养人才，来满足国家和社会日益增长的发展需求。《大学令》为我国高等教育设定了清晰的发展目标，并为各高校的建设和发展提供了规范性的指导原则。

这两项政策的出台，明确了民国初期教育的目标与方向，为我国高等教育的发展奠定了初步基础。在此期间，各地高校积极响应政府号召，纷纷进行教育改革和创新，致力于提升教育质量和培养更多符合国家需求的人才。高校在课程设置、教学方法和校园文化建设等方面进行了诸多探索和尝试，逐渐形成了具有中国特色的高等教育体系。

此外，民国初期的高等教育还注重与国际教育接轨，积极引进国外先进的教育理念和管理模式。许多高校邀请国外知名学者来华讲学，并派遣优秀教师和学生赴海外留学深造，以此推动中外教育的交流与合作。这种国际化的教育模式不仅提升了我国高等教育的整体水平，也为培养具有国际视野和竞争力的人才创造了有利条件。

总之，民国初期高等教育，是在国家政策的引导和支持下，通过一系列改革和创

---

① 中国第二历史档案馆.教育部公布教育宗旨令［M］//中华民国史档案资料汇编：第三辑：教育.南京：凤凰出版社，1991：22.

② 中国第二历史档案馆.教育部公布大学令［M］//中华民国史档案资料汇编：第三辑：教育.南京：凤凰出版社，1991：108-111.

新措施，实现了初步的发展和进步。这一时期的高等教育不仅为国家培养了大批优秀人才，也为后续的教育发展奠定了坚实的基础。

（二）北洋军阀统治时期

在北洋军阀统治时期，我国正处于新旧思想大碰撞的时代，加之西方文化的冲击，社会进入了深刻的转型期。这一时期，社会思潮涌动，传统与现代、东方与西方的文化理念激烈交锋，对高等教育的发展产生了深远影响。

1917年，北洋政府教育部颁布并实施了《国立大学职员任用及薪俸规程令》，这项政策为我国近代高等师资管理框架的初步形成奠定了基础，详细规定了国立大学教师的聘任标准、薪酬待遇以及晋升机制，旨在提升教师的专业素养和工作积极性，从而全面提高高等教育的质量。这项政策的实施有效地规范了高校教师的管理，为构建稳定且高水平的师资队伍创造了条件。

面对社会发展的迫切需要，教育部提出了"壬戌学制"这一重大举措，推动高等教育走向科学化和民主化。"壬戌学制"的核心理念是通过系统化的课程设置和科学的教学方法，培养具备独立思考能力和创新精神的高素质人才。这一举措不仅促进了教育内容的现代化，还推动了教育体制的改革，使高等教育更加贴近社会实际需求。

在"壬戌学制"的推动下，各高校纷纷开展教育改革，调整课程结构，增加科学和技术类课程的比重，加强实验教学和实践环节。同时，鼓励学术研究，注重培养学生的科研能力和创新思维。

此外，北洋军阀统治时期的高等教育还积极吸收和借鉴西方先进的教育理念和管理模式。许多高校与国外知名大学建立了合作关系，派遣教师和学生赴海外学习交流，引进国际先进的教育资源和教学方法。

总之，北洋军阀统治时期的高等教育在动荡的社会环境中，通过一系列改革和创新，逐步走向科学化和民主化。"壬戌学制"的实施及《国立大学职员任用及薪俸规程令》的颁布，为现代高等教育的理论框架打下了坚实基础，为我国高等教育的发展开辟了新的道路。这一时期的教育改革和实践，奠定了现代高等教育制度的雏形，并对后续的发展产生了深远影响。

（三）南京国民政府初期

南京国民政府初期，我国高等教育体系进一步完善和定型。1929年，南京国民政府颁布了《大学组织法》，这部法律对我国大学的管理体制进行了全方位、系统化的概括与说明。《大学组织法》明确了大学的办学宗旨、管理结构和运作机制，为高等教育的规范化和制度化奠定了基础。法律规定，大学应致力于培养高素质的专业人才，推动科学研究和文化创新，服务于国家的发展需求。

与此同时，南京国民政府也重视专科学校的发展。1929年，政府颁布了《专科学校组织法》，对专科学校的设置、管理和教学内容进行了详细规定。这一法律的实施，促进了专科学校的规范化发展，使其在培养实用型人才、满足社会经济发展需求方面发挥了重要作用。

1935年，南京国民政府继续推进高等教育改革，提出了《学位授予法》[①]。这部法律明确界定了我国学士、硕士以及博士三个等级学位的授予条件，规定了学位授予的标准和程序。《学位授予法》的出台，使我国高等教育的学位制度走向规范化和制度化，保证了学位授予的科学性和公正性。

这一系列政策的实施，使我国高等教育的立法体系日趋完善，为教育质量的提升和教育体系的现代化提供了保障。

南京国民政府初期的高等教育改革，通过一系列法律和政策的实施，逐步完善了我国高等教育的制度体系，推动了高等教育的现代化发展。这一时期的改革，不仅规范了高等教育的管理体制和学位制度，还促进了教育内容和教学方法的创新。

经过这三个阶段的发展，我国高等教育的立法体系逐步完善，为日后的发展提供了便利。

（四）抗战后的动荡与调整（1931—1949）

抗日战争爆发以后，为了满足战时需要，巩固南京国民政府的统治地位，当局颁布实施了一些军事化色彩浓重的教育政策。不仅严格要求教员的行为举止，更是对学生的思想行为进行监督管理，这终结了上一阶段高等教育的短暂发展。

1937年抗日战争全面爆发以后，高等教育事业遭到了前所未有的重创，大部分高校都遭受战争的直接破坏，部分严重到停办的地步。为了保留住残存的高等教育事业，国民政府教育部决定让处于战区的部分高校内迁。最为著名的便是由国立北京大学、国立清华大学和私立南开大学联合的西南联合大学，以及由北洋大学、北平师范大学和北平大学组成的西安临时大学，后改名为西北联合大学。虽然战争摧残了我国高等教育事业，但是战时高校的内迁在一定程度上使得我国高等教育的实力得以保存下

---

① 中国第二历史档案馆．国民政府公布学位授予法［M］//中华民国史档案资料汇编：第五辑第一编：教育（二）．南京：凤凰出版社，1991：1406-1407.

来，文化知识得以传承下去，并为国家培养出了许多的大师级人才。在国家危难之际，"西南联大"和"西北联大"的存在不能不称为世界高等教育史上的奇迹。为了维稳当时高等教育动荡不安的局面，国民政府教育部于 1938 年颁行了《国立各院校统一招生办法大纲》①，具体阐述了各个地区的招生标准及规则。

总而言之，在战时阶段，国民政府采取强制性措施对高等教育加以保留、复原，及时挽救和调控了惨遭破坏的高等教育事业，使高等教育在抗日战争时期也在曲折之中不断发展。

尽管面临重重困难，这些措施有效保留了我国高等教育的精华部分，为战后的恢复和发展奠定了基础。

1946 年，解放战争爆发，刚刚得到短暂发展的高等教育事业再次陷入低谷。战争的动荡使得教育资源进一步匮乏，高校的发展受到严重制约。然而，即便在这样的困难时期，高等教育工作者依然努力维持教学和科研活动，为未来的发展积蓄力量。

三、新中国成立以后的高等教育发展阶段

新中国成立以后，我国高等教育的发展大致可以分为以下四个阶段（见图 2-2）。

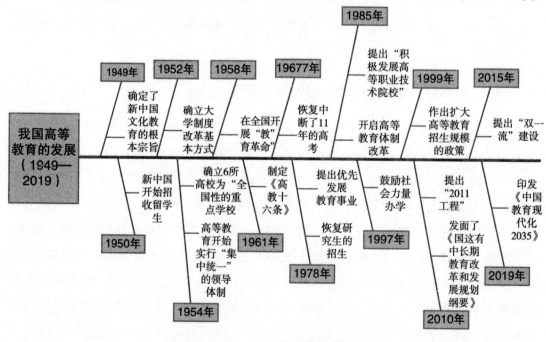

图 2-2　1949—2019 年中国高等教育发展

① 刘建业 . 中国抗日战争大辞典［M］. 北京：北京燕山出版社，1997：896.

(一) 1949 年至 1977 年——接管、改造和 "文化大革合命" 阶段

1949 年至 1966 年，也称为 "十七年" 时期，我国完成了对旧中国高等教育的接管和改造。这一阶段是高等教育从旧中国恢复并走向发展的重要时期[①]。新中国成立初期，百废待兴，高等教育也进入了一个重大的历史转折期，呈现出院校数量少、教学人员少、在校人数少、教学资源少的总特征。

在新中国成立后的第一次全国教育工作会议上，政府明确了新时期文化教育的根本宗旨：向苏联学习，接管并改造我国原有的高等教育体系，在此基础上构建新的教育体系。这一宗旨的确定，标志着我国高等教育开始了全面的改革与重建进程。

1. 1952 年高校院系调整

1952 年，政府进行了大规模的高校院系调整。这次调整是为了优化教育资源配置，促进高等教育的专业化和系统化。政府决定将原有的一些综合性大学进行拆分，成立了多所专业学院和地方高校。例如，北京大学的部分院系被分离出去，成立了北京工业学院 (现北京理工大学) 和北京农业大学 (现中国农业大学)。这样的调整使得教育资源得到了更为合理的分配，各类专业学院和地方高校得以迅速发展，为国家培养了大批经济建设和社会发展急需的各级各类人才。

2. 1958 年教育革命

1958 年，我国进行了一场轰轰烈烈的教育革命。这场革命的核心在于全面变革高校的办学理念和体系，以适应国家经济建设和社会发展的迫切需求。教育革命倡导 "大跃进" 精神，强调理论与实践相结合，鼓励高校师生积极参与生产劳动。许多高校开设了工农兵大学，实行半工半读的教育模式。这一时期，高等教育规模迅速扩张，许多新的高校和专业得以建立，为国家培养了大量实用型人才。

3. 1961 年《高教六十条》

1961 年，为了进一步规范和完善高等教育，政府制定了《中华人民共和国教育部直属高等学校暂行工作条例 (草案)》，简称《高教六十条》。这一文件对高校的教学秩序、学校管理、教学质量和学校建设等方面做出了详细规定。《高教六十条》明确了高校的办学方针和目标，强调提高教学质量和科研水平，重视学术自由和教育民主。这些规定对高校的制度建设和规范管理起到了积极作用，开启了我国高等教育制度建

---

① 中国第二历史档案馆. 教育部公布国立各院校统一招生办法大纲 [M] //中华民国史档案资料汇编：第五辑第二编：教育 (一). 南京：凤凰出版社，1991：702-704.

设的先河。

通过这些改革和调整，新中国的高等教育在短时间内取得了显著发展，培养了大批具备专业技能和实践能力的人才，为国家的现代化建设奠定了坚实的基础。这一时期的高等教育改革，不仅是对旧有教育体系的继承和发展，更是对未来教育模式和理念的大胆探索与实践。

4. "文化大革命"与高考恢复

然而1966年至1976年，我国经历了"文化大革命"时期，高等教育遭遇了十年浩劫。许多高校被迫停办，高校规模和数量在这十年间急剧下降，高考也被迫取消。直到1977年，我国才恢复中断了11年的高考，自此我国高等教育事业又迎来了另一个春天。

提到恢复高考，"新三届"和"老三届"这两个教育史上中国独有的名词便经常被提及。"老三届"是指因"文化大革命"期间高考被迫取消时在校的初高中学生。这些学生因政治动荡和教育体系的崩溃，未能如期参加高考，许多人被迫中断了学业，甚至被分配到农村或工厂从事体力劳动。然而，他们对知识的渴望和对未来的希望始终未曾消减。

"新三届"则指恢复高考以后的前三届学生，即77级、78级、79级的学生。1977年，国家恢复了中断多年的高考制度，这一重大举措为无数青年重新打开了接受高等教育的大门。许多"老三届"学生纷纷报名参加考试，借此机会重返校园，成为"新三届"中的一员。

这一代人非常珍惜来之不易的学习机会，他们深知知识的重要性和教育的宝贵。在经历了"文化大革命"的磨难之后，他们以极大的热情和毅力投入到学习中去。与此同时，经历过"文化大革命"磨难的教师们也不遗余力地教书育人，他们希望通过自己的努力，帮助学生们弥补失去的学习时光，为国家培养出新一代的栋梁之才。

"新三届"的许多学生最终成为国家的栋梁之才，他们在各行各业发挥着重要作用，推动了国家的现代化建设和社会进步。他们的成功不仅是个人奋斗的结果，更是对我国高等教育恢复和发展的见证。这段历史不仅是一段教育史上的佳话，也是中国社会在动荡中不断前行、追求进步的生动写照。

"新三届"和"老三届"的故事，反映了我国教育在特定历史时期的变迁与发展，体现了我国人民对教育的执着追求和对未来的无限期望。他们的经历和成就成为我国高等教育史上一段不可磨灭的篇章，为后世提供了宝贵的经验和启示。

通过这些阶段的发展和调整，新中国的高等教育逐步从初期的接管和改造走向逐步完善的制度建设时期。尽管经历了"文化大革命"这一历史浩劫，高等教育事业依然在曲折中不断发展，并在改革开放后迎来了新的机遇和挑战。

（二）1978 年至 1999 年——精英化高等教育时期

这一阶段以 1978 年十一届三中全会的召开为标志，自此我国高等教育事业步入了改革开放的新阶段。从 1978 年到 1999 年，教育主管部门针对我国的教育体制提出了一系列改革措施。高等教育事业乘着恢复高考后的改革春风逐步走上了正规化的道路。

1. 教育体制改革的实施

在 1978 年至 1999 年间，政府通过一系列高等教育体制改革，逐步完善了高校的管理和运行机制，推动了教育质量的显著提升。这一时期，高等教育逐渐走向规范，院校的教学水平和科研能力得到了明显提高。在这段时间，政府采取了多项举措来改进高等教育体制，包括以下内容。

（1）管理机制的改革：通过引入竞争机制和现代化管理手段，提高了高校的自主权和管理效率。各高校在教学、科研和管理方面进行了广泛的改革，提升了整体运作水平。

（2）教学内容和方法的更新：推动了课程改革，更新了教学内容，采用了现代化的教学方法和手段，旨在提高学生的创新能力和实践能力。许多高校开始重视实验室建设和实践教学，增强了学生的动手能力和实际操作技能。

（3）科研体制的改革：加强了科研投入，鼓励高校开展前沿研究和跨学科研究，推动了科研成果的转化和应用。政府和高校共同设立了多个研究基金和奖励机制，激励教师和学生投身科研创新。

2. 教育产业化的提出和实施

1999 年 6 月，全国教育工作会议提出了"教育产业化"的理念，将教育视为一种产业，期望通过教育投入来拉动经济增长。这一举措将受教育机会商品化，旨在通过市场化改革来实现我国高等教育规模的扩张。

（1）政策背景：教育产业化的提出，反映了国家在新的经济形势下，对教育资源配置和经济增长方式的重新思考。政府希望通过市场机制，提高教育资源的利用效率，促进高等教育的可持续发展。

（2）具体措施：为了落实教育产业化政策，政府出台了一系列鼓励措施，包括扩大高校招生规模，支持民办教育的发展，鼓励社会力量参与教育事业。各地高校纷纷响应政策号召，扩建校园，增加招生人数。

（3）效果与影响：政策的实施使得高校的招生人数和规模得到了大幅提升，几乎覆盖到全国各个地级市。高校的数量和质量均有显著提高，教育资源得到更广泛地普及。同时，民办高校也迎来了前所未有的发展机遇，成为我国高等教育体系的重要组成部分。

3. 民办高校的发展

在教育产业化的推动下，民办高校迎来了快速发展的黄金时期。这些学校以其灵活的办学机制、市场化的运作模式和较高的教学质量，吸引了大量学生，缓解了公立高校的招生压力。民办高校的兴起，为我国高等教育注入了新的活力，提供了更多元化的教育选择，促进了教育公平和社会进步。

在此期间，政府还推出了两个重大工程，即"211工程"和"985工程"。"211工程"旨在建设100所左右的重点高校和一批重点学科，提升高校的整体水平和国际竞争力。"985工程"则进一步加强了若干所重点大学的建设，推动这些高校向世界一流大学迈进。这两项重大举措壮大了我国的人才队伍，为贯彻落实党的"科教兴国"战略做出了卓越贡献。

总体而言，1978年至1999年间，我国高等教育在政府的改革推动下，经历了从体制改革到教育产业化的重大转变。这一时期的高等教育，不仅在数量上有了显著增长，在质量上也实现了质的飞跃，为国家的现代化建设和社会进步培养了大量高素质人才。这一系列改革和发展，为我国高等教育的持续进步奠定了坚实的基础。相较于上一阶段，由于改革开放的不断深入，我国社会经济飞速发展，高等教育也呈现出蓬勃发展的势头，进入了飞速发展的黄金时期。这一阶段的高等教育，不仅在数量上有了显著增长，在质量上也实现了质的飞跃，为国家的现代化建设和社会进步培养了大量高素质人才。

（三）2000年到2012年——高等教育大众化阶段

自1999年高校开始扩招以来，全国普通高等教育的招生人数和在校生人数均有了大幅度增长。进入21世纪，随着我国国民经济的迅猛发展，高等教育的发展面貌也焕然一新。

在这一阶段，我国普通高等教育招生人数从2000年的220.6万人增加至2012年的688.8万人，几乎是2000年的三倍。与此同时，全国普通高校在校人数也从2000年的556.1万人迅速扩张至2012年的2391.3万人，接近2000年的四倍。这种迅猛的增长反映了高等教育在短时间内的飞速扩展。

同时，我国高等教育的毛入学率在 2002 年突破了 15%，标志着我国正式步入了高等教育的大众化阶段。这一时期，高等教育不再是少数精英的专属领域，而是满足了广大人民群众的需求，成为社会普遍接受的教育形式。

到 2012 年，我国高等教育的毛入学率已经达到了 30%，这一数据清晰地表明我国高等教育已经从精英化阶段进入了大众化阶段。在这一阶段，高等教育的规模空前扩大，教育资源的普及程度显著提高。各类高校纷纷扩大招生规模，新建和扩建的校园设施不断增多，以适应日益增长的入学需求。

此外，随着高等教育的普及，教育内容和形式也变得更加多样化和现代化。许多高校引入了国际先进的教学理念和管理模式，开设了众多新兴学科和专业，培养了大量适应社会需求的应用型和复合型人才。

总的来说，2000 年到 2012 年是我国高等教育实现飞跃发展的关键时期。这一阶段不仅见证了高等教育规模的迅速扩张，也体现了教育大众化的深远影响。高等教育在这一时期的发展，不仅满足了社会经济发展的需要，也为国家的现代化建设提供了强有力的人才支持。

（四）2013 年—2019 年——高等教育内涵发展和特色发展阶段

据 1961—1975 年我国出生人口统计，三年自然灾害后出现了两个人口生育高峰叠加期。到了 20 世纪八九十年代，高峰期出生的婴儿进入上大学的时期。随着 20 世纪 70 年代计划生育政策执行的滞后效应开始显现，2013 年以后，我国每年高考人数开始呈现下降趋势。在此背景下，我国高等教育进入了具有中国特色的发展阶段，这是我国高等教育从大众化转向普及化的关键时期，自此，高等教育从之前的规模扩展转向了内涵式发展。

党的十九大明确提出建立"教育强国"的战略目标，并将"双一流"建设作为教育事业优先发展的重点。"双一流"建设具体来说就是一流学科与一流大学的建设，通过这一战略带动高校整体发展，强化高等教育的内涵式发展。通过实施"双一流"政策，国家希望提升高校的科研水平和教学质量，使更多高校在国际舞台上具备竞争力。

此外，国家高度关注不同阶层的受教育情况，基于此，大幅度提高了对贫困生及贫困地区的教育帮扶力度。通过多种帮扶渠道，如奖学金、助学贷款和定向招生计划，国家努力平衡各阶层之间的受教育机会，推动教育公平。这些措施有效提升了贫困地区学生接受高等教育的机会，促进了教育资源的公平分配。

这一阶段的高等教育综合实力显著增强。2019 年，我国高等教育在校学生数量达到了历史新高，成为世界上高校数量和规模最大的国家。同时，我国的高等教育毛入学率在这一年突破了 50%，这标志着我国高等教育正式从大众化阶段迈入普及化阶段。这一成就表明，越来越多的中国青年有机会接受高等教育，为国家的发展储备了大量的人才资源。

在这一阶段，高校不仅在数量上增长迅速，在质量上也有了显著提升。高校在学科建设、科研创新、国际合作等方面取得了显著成绩。许多高校通过加强学科建设，重点发展优势学科，提升了整体科研水平和社会服务能力。同时，高校积极开展国际合作与交流，引进国际优质教育资源，提高了国际化办学水平。

总的来说，2013—2019 年是我国高等教育内涵发展和特色发展的重要阶段。这一时期，我国高等教育在数量增长的同时，更加注重质量提升和教育公平，取得了令人瞩目的成就。高等教育的普及化为国家的现代化建设和社会进步提供了强有力的支持，也为我国未来的发展奠定了坚实的基础。

（五）2019 年以后——高等教育面临前所未有的挑战

随着高等教育的普及化、国际化以及在线教育的兴起，中国的高等教育体系面临前所未有的挑战。一方面，教育的普及带来了学生数量的激增，这对教学质量和校园设施提出了更高的要求。不仅需要更多的教室和设施，还需提升师资力量和教学方法以应对日益增长的学生群体。同时，国际合作的增多虽然开拓了视野，但也带来了如何维持教育质量和文化特色的挑战。如何在吸收国际先进教育理念的同时，保留和弘扬本土文化，避免文化同质化，是一个需要仔细权衡的问题。

此外，在线教育的迅猛发展改变了传统的教学模式，急需解决如何在虚拟环境中有效进行师生互动和知识传授的问题。这不仅涉及技术的完善和教学内容的适配，还包括如何评估和监控学习效果，确保在线教育的质量与面授教育相当。在研究与创新方面，虽然投入增加，但如何将研究成果转化为实际应用，以及如何更好地结合学术与职业教育，仍然是亟待解决的关键问题。这要求高等教育机构不仅要加强理论研究，更要强化与产业界的合作，推动理论到实践的转化。

面对这些挑战，教育管理者、教师和政策制定者需要共同思考和创新，制定更具前瞻性和实效性的政策和措施。例如，可以通过优化资源配置、引进国际高水平教育资源和教师、提高教育信息化水平等方式，来提升整体教育质量和效率。同时，加强监管和评估机制，确保教育改革的成效，从而确保中国高等教育的持续发展和国际竞争力。这一切都是为了培养出能够适应未来社会发展需求的高素质人才，推动国家的长远发展。

通过上述分析，我们不难看出我国高等教育的发展受所处历史时期影响，呈现出明显的阶段性特征，最初的诞生到后来的曲折发展，再到现如今的普及化，总体发展态势是螺旋上升的。这样的描述确实反映了我国高等教育在不同历史时期所经历的变化和成长。然而，值得注意的是，尽管发展总体上是螺旋上升的，但每个阶段所面临的具体挑战和取得的成就也是复杂多样的。当前，我国正处于由教育大国向教育强国转变的关键时期。这一转变不仅需要大规模的资源投入和政策支持，还需要对教育理念和体制进行深刻的改革和创新。回顾过去的经验，无疑能为当前和未来的发展提供宝贵的借鉴。

第二节　传统教学模式的评述

一、引言

（一）背景介绍

1. 传统教学模式的定义与起源

传统教学模式是一种以教师为中心、以课堂讲授为主要形式的教学方法。这种模式通常由教师主导教学过程，通过讲解和板书传授知识，学生则以听讲和记笔记为主要学习方式。这种模式起源于古代学校教育系统，其基本形式可以追溯到我国的孔子教学法和古希腊的苏格拉底教学法。在漫长的教育发展历程中，传统教学模式逐渐形成并占据了主导地位，成为学校教育的重要组成部分。

2. 传统教学在教育史上的地位

在教育史上，传统教学模式占有重要地位。在大多数教育系统中，这种模式被广泛应用于各级学校，尤其是在基础教育阶段。其系统性和严谨性使其在知识传递和基本技能培养方面具有显著优势。传统教学模式通过标准化的教学大纲和教材，保证了教育内容的连贯性和一致性，培养了大批基础扎实的学生，为社会的进步和发展做出了重要贡献。

（二）研究意义

1. 评述传统教学模式的重要性

评述传统教学模式的重要性在于，通过深入分析这种教学模式的优点和不足，可以为当前和未来的教育改革提供有价值的参考。传统教学模式作为一种经典的教育方法，在长期实践中积累了丰富的经验和方法。通过对其进行系统性评述，我们可以更加清晰地认识其在教育过程中的作用和地位，了解其对学生学习效果的影响，以及在实际应用中的局限性。

2. 探讨其在现代教育中的适用性

随着社会的不断进步和科技的发展，教育领域也正经历着深刻的变化。现代教育更加强调对学生主动性、创造性和综合素质的培养。探讨传统教学模式在现代教育中的适用性，旨在寻求一种平衡，既能传承传统教学中的优良部分，又能融合现代教育的先进理念和技术手段。这种探讨不仅有助于丰富教学理论，还能为实践中的教育创新提供指导，推动教育的全面发展和进步。

通过引言部分的背景介绍和研究意义的阐述，读者可以初步了解传统教学模式的基本概念及其在教育史上的重要地位，同时认识到对这种模式进行评述和探讨的必要性和价值。接下来，本书将在后续部分中进一步深入分析传统教学模式的特点、优势、局限性以及在现代教育中的应用和改进方向。

二、传统教学模式的特点

（一）教师中心的教学

1. 教师在课堂中的主导地位

传统教学模式最显著的特点之一是教师在课堂中的主导地位。在这种模式下，教师是知识的传授者和课堂管理者，学生则是知识的接受者。教师通过讲解、示范和板书等方式，系统地向学生传授知识。教师的权威性和专业知识在课堂中起着决定性作用，学生的学习活动主要围绕教师的讲解进行。

（1）知识的单向传递

传统教学模式强调知识的单向传递，即从教师到学生。教师按照预设的教学计划，将教材中的知识点逐一讲解给学生，学生则被动地接受这些知识，并通过记笔记、背诵和练习等方式进行巩固。这种单向传递方式虽然有助于知识的系统性传授，但往往忽略了学生的自主学习和探索能力。

（2）统一的课程设计

①固定的教学大纲和教材

传统教学模式下，课程设计具有高度统一性。教育部门或学校制定固定的教学大纲和教材，所有教师都必须按照统一的要求进行教学。教学大纲明确规定了每个学科的教学目标、内容和进度，教材则提供了详细的知识点和练习题。这种统一的课程设计有助于保证教学内容的连贯性和一致性。

②标准化的教学内容

在传统教学模式中，教学内容是标准化的，确保每个学生在同一阶段学习相同的知识点。这种标准化有利于知识的全面覆盖和系统传授，但也可能导致教学内容的僵化，难以适应学生个体的差异化需求。

（二）课堂教学方法

1. 讲授法为主

传统教学模式主要采用讲授法。教师在课堂上通过口头讲解和板书展示，将知识点逐一传授给学生。讲授法强调知识的系统性和逻辑性，教师通过精心设计的教学环节，引导学生逐步理解并掌握知识。这种方法适用于大班教学，有助于在有限时间内传授大量知识。

2. 课堂纪律和规矩的严格管理

在传统教学模式中，课堂纪律和规矩的管理非常严格。教师通过明确的课堂规矩和纪律要求，维护课堂秩序，确保教学活动顺利进行。学生需要遵守课堂规则，认真听讲，不随意打断教师的讲解。这种严格的管理有助于培养学生的纪律性和自律能力，但也可能限制学生的创造性和自主性。

（三）评价与考试方式

1. 重视期末考试和测验

传统教学模式非常重视期末考试和测验。这些考试通常是评估学生学习效果的主要手段，通过考试成绩来衡量学生对所学知识的掌握程度。期末考试和测验题目多以教材内容为基础，考察学生对知识点的记忆和理解。

2. 成绩作为主要评价标准

在传统教学模式中，学生的学习成绩是评价其学习效果的主要标准。考试成绩不仅影响学生的学期评定，还可能对学生的升学和未来发展产生重要影响。这种以成绩为主的评价方式有助于激发学生的竞争意识和学习动力，但也可能导致学生过于注重分数，忽视对其综合素质的培养。

通过对传统教学模式特点的分析，我们可以看出这种模式具有系统性和权威性的优势，但也存在忽视学生个体差异和自主学习能力的不足。在后续部分，我们将进一步探讨传统教学模式的优势、局限性以及在现代教育中的应用和改进方向。

三、传统教学模式的优势

（一）知识系统性

1. 系统性和连续性的知识传授

传统教学模式的一个显著优势在于其系统性和连续性的知识传授。教师按照既定的教学大纲，系统地组织和传授知识，保证了学生能够逐步、连贯地学习各个知识点。这种系统性的传授方式有助于学生在学习过程中建立清晰的知识结构，理解各知识点之间的联系，从而形成扎实的学科基础。

2. 学科知识的全面覆盖

传统教学模式注重教材的完整性和全面性，确保学生能够在规定的学习阶段内接触到所需的全部学科知识。通过统一的课程设计和标准化的教材，学生能够全面、系统地学习各个学科的基础知识和基本技能，为今后的深入学习和专业发展打下坚实的基础。

（二）教师的权威性

1. 教师经验丰富，知识权威

在传统教学模式中，教师作为知识的传授者和课堂的主导者，通常具备丰富的教学经验和深厚的学科知识。教师的专业权威性使他们能够有效地传授复杂的知识点，并为学生提供清晰的学习指导。教师的知识权威性也有助于学生建立对学习内容的信任和兴趣。

2. 教师对学生的严格管理

传统教学模式下，教师对学生的管理严格，能够有效维护课堂纪律和教学秩序。这种严格的管理方式有助于学生集中注意力，认真听讲，积极参与课堂活动。同时，教师的严格管理也培养了学生的纪律性和自律能力，帮助他们养成良好的学习习惯。

（三）学习习惯的培养

1. 培养学生的纪律性和专注力

传统教学模式注重课堂纪律和规矩，教师通过明确的要求和严格的管理，帮助学生培养良好的纪律性和专注力。学生在这种环境中学习，能够养成专注听讲、认真记笔记的习惯，并逐步提高学习效率和效果。

2. 规范的学习行为和习惯

在传统教学模式中，学生的学习行为和习惯受到严格规范。教师通过制定和执行课堂规定，帮助学生形成规范的学习行为，如按时上课、认真完成作业、积极参与课堂讨论等。这些规范的学习行为和习惯不仅有助于学生在当前的学习中取得好成绩，也为他们今后的学习和工作奠定了良好的基础。

通过以上分析，我们可以看到传统教学模式在知识传授的系统性、教师权威性以及学习习惯的培养等方面具有显著优势。这些优势在一定程度上解释了传统教学模式为何能够在历史上长时间占据主导地位。然而，随着教育理念和社会需求的不断变化，这种模式也需要不断改进和创新，以更好地适应现代教育的要求。在下一部分中，我们将探讨传统教学模式的局限性，并提出相应的改进方向。

四、传统教学模式的局限性

（一）学生的被动学习

1. 学生缺乏主动性和创新性

在传统教学模式中，教学过程主要由教师主导，学生处于被动接受的地位。这种方式导致学生在学习过程中缺乏主动性，习惯于依赖教师的讲解和指示，缺少自主思考和探究的机会。这种被动学习模式限制了学生对创新思维和自主学习能力的培养，难以适应现代社会对创新型人才的需求。

2. 学习兴趣和动力不足

由于传统教学模式过于强调知识的灌输，忽视了学生的兴趣和个性发展，导致学生在学习过程中缺乏兴趣和内在动力。教师单向传递知识的方式，容易让学生感到枯燥和乏味，进而影响他们的学习积极性和主动性。缺乏兴趣和动力的学习，难以达到理想的教育效果。

（二）个性化教育的缺失

1. 缺乏对学生个体差异的关注

传统教学模式强调标准化和统一性，忽视了学生个体之间的差异。每个学生的学习能力、兴趣和需求各不相同，但在传统教学中，这些差异往往得不到充分的关注和尊重。教师难以根据每个学生的实际情况进行个性化的指导和教学，导致部分学生在学习过程中无法充分发挥自己的潜力。

2. 教学内容和方法的单一性

传统教学模式的教学内容和方法相对单一，主要依赖教材和讲授。这种单一的教学方式难以满足学生多样化的学习需求，不能有效激发学生的学习兴趣和创造力。在现代教育中，学生需要通过多种途径和方式获取知识，发展综合能力，但传统教学模式在这方面显得相对滞后。

（三）应试教育的弊端

1. 过度重视考试成绩

传统教学模式往往过度重视考试成绩，将考试成绩视为衡量学生学习效果的主要标准。这种应试教育的倾向，导致学生和教师都把注意力集中在如何取得高分上，而忽视了对知识的深层理解和实际应用。学生在这种环境下，学习的目的是考试，而不是为了真正掌握知识和技能。

2. 忽视综合素质和能力的培养

由于过度重视考试成绩，传统教学模式往往忽视对学生综合素质和能力的培养。现代社会需要的人才不仅要有扎实的学科知识，还要具备创新能力、实践能力、团队合作精神和沟通能力等综合素质。然而，传统教学模式在这些方面的培养显得不足，难以满足社会发展的需求。

总之，尽管传统教学模式在知识系统性传授和纪律培养方面有其优势，但其局限性也非常明显。学生的被动学习、个性化教育的缺失以及应试教育的弊端，都对学生的全面发展和创新能力的培养产生了不利影响。为了更好地适应现代教育的需求，有必要在保留传统教学优势的基础上，进行教学方法和理念的改革与创新。在下一部分中，我们将探讨传统教学模式在现代教育中的改进方向及其应用前景。

第三节　当代教育需求的变化

一、引言

随着 21 世纪信息技术的迅猛发展和全球化进程的不断加速，教育领域正经历着翻天覆地的变化。在当代教育背景下，传统的教学模式和教育理念正面临前所未有的挑战和机遇。数字化和信息化技术的普及，使得教育资源的获取方式和学习方式发生了深刻变革。在线教育、混合学习以及虚拟现实（VR）和增强现实（AR）技术的应用，使学生可以随时随地获取知识，教育的时空界限被打破。此外，全球化背景下，教育国际化趋势越发明显，跨国交流和合作成为教育领域的重要组成部分。教育不仅要传授知识，更要培养学生的全球视野和跨文化沟通能力。

现代社会的发展对教育提出了新的需求和更高的要求。首先，信息技术的快速发展要求教育体系能够培养学生的创新能力和数字素养。传统的知识传授型教育模式已经无法满足现代社会对创新型人才的需求。其次，社会对个性化和多样化教育的需求日益增长。每个学生都有其独特的兴趣和天赋，教育需要能够关注并挖掘学生的个体差异，提供个性化的学习方案。最后，随着终身学习理念的推广，教育不再仅限于青少年的义务教育阶段，而是贯穿于人们的一生。职业发展和技能提升成为教育的重要内容，教育体系需支持和推动终身学习，为社会提供持续发展的动力。

探讨教育需求变化的重要性在于能够帮助我们更好地理解当前教育面临的挑战和机遇。只有深入了解教育需求的变化，才能制定出符合现代社会需求的教育政策和策略，推动教育的改革与创新。此外，通过探讨教育需求的变化，还能够为教育工作者提供科学的指导，帮助他们在教学实践中更好地适应和应对这些变化，进而提升教育质量和效果。

在当代教育需求变化的背景下，高校教育模式的创新显得尤为重要。传统的高校教育模式主要以教师讲授为主，学生被动接受知识，难以培养学生的自主学习能力和创新思维。为了适应现代社会对高素质人才的需求，高校需要在教育模式上进行大胆创新，采用更加灵活、多样化和互动性强的教学方法，如翻转课堂、混合学习、项目式学习等。这些创新教学模式不仅能够提高学生的学习积极性和参与度，还能培养他们的批判性思维和解决问题的能力，为社会输送更多适应未来发展的创新型人才。

总之，现代社会对教育需求的变化为高校教育模式的创新提供了新的动力和方向。通过深入探讨和研究这些变化，我们能够更好地理解教育的本质并把握其发展趋势，为教育改革提供科学依据，推动教育事业的持续发展和进步。

一、信息时代的到来

（一）技术进步对教育的影响

1. 信息技术的发展

信息技术的发展是信息时代到来的重要标志。计算机、互联网、移动设备和各种智能技术的广泛应用，使得信息获取和传播的速度和效率大幅提高。现代教育必须适应信息技术的发展，充分利用这些技术手段，以提高教学效果和教育质量。

2. 数字化教学的普及

随着信息技术的进步，数字化教学逐渐成为现代教育的重要组成部分。数字化教学不仅包括在线课程和电子教材，还涵盖了各种数字化教学工具和平台，如虚拟课堂、在线讨论区和学习管理系统等。这些工具和平台的使用，使得教学过程更加灵活和多样化，学生可以随时随地进行学习，提高了学习的便捷性和效率。

（二）学生信息获取方式的变化

1. 网络与多媒体资源的利用

在信息时代，学生获取信息的方式发生了根本性的变化。网络和多媒体资源的广泛应用，使学生可以通过互联网轻松获取各种学习资料和信息。这种变化不仅提高了信息获取的速度和便捷性，也丰富了学生的学习资源，使他们能够更加全面和深入地了解学习内容。

2. 自主学习与在线学习平台

信息时代的到来促进了自主学习和在线学习平台的发展。在线学习平台如

Coursera、edX 和 Khan Academy 等，为学生提供了丰富的学习资源和课程选择，使他们可以根据自己的兴趣和需求进行自主学习。这种学习方式打破了传统课堂的限制，使学习变得更加个性化和灵活，有助于培养学生的自主学习能力和终身学习的习惯。

总之，信息时代的到来对教育产生了深远的影响，推动了教育模式的创新和变革。信息技术的发展和学生信息获取方式的变化，使得教育更加数字化、个性化和灵活化，为现代教育的发展提供了新的机遇和挑战。

二、全球化与国际化需求

（一）跨文化交流与合作

1. 国际视野的培养

在全球化背景下，培养具有国际视野的学生成为现代教育的重要目标。全球化使得各国之间的联系更加紧密，国际合作与交流日益频繁。为了适应这一变化，教育必须着眼于培养学生的国际视野，使他们能够理解和尊重不同文化背景和价值观，具备跨文化交流和合作的能力。通过开设国际化课程、邀请国际专家讲座、参与国际竞赛等方式，学校可以帮助学生开阔眼界，增强他们对全球问题的关注和理解。

2. 多元文化教育

多元文化教育是培养学生跨文化交流能力的重要途径。通过多元文化教育，学生可以接触到不同国家和地区的文化、历史和社会制度，了解全球多样性的丰富性和复杂性。学校可以通过课程设计、文化活动和国际交流项目等手段，营造多元文化的学习环境。例如，举办国际文化节、开设跨文化沟通课程、组织学生参与国际志愿服务等活动，都是有效的多元文化教育方式。这些活动不仅能增加学生的文化知识，还能提高他们的跨文化沟通能力和社会责任感。

（二）国际人才市场的竞争

1. 外语能力与跨文化沟通能力

在全球化的国际人才市场中，外语能力和跨文化沟通能力已成为个人竞争力的重要组成部分。掌握一门或多门外语，不仅能提升学生的就业机会，还能增强他们在国际交流中的自信心并提升沟通效果。学校应重视外语教学，提供多种语言的学习机会，并通过语言交换、外语角、国际语言夏令营等方式，提高学生的外语水平。同时，培养学生的跨文化沟通能力，使他们能够在不同文化背景下有效地交流和合作，是提高他们国际竞争力的关键。

2. 海外学习与交流项目

海外学习与交流项目是增强学生国际竞争力的重要手段。通过参与海外学习和交流项目，学生可以亲身体验不同国家的教育和文化，拓宽国际视野，提升跨文化适应能力。这类项目包括交换生计划、海外实习、国际志愿服务、短期研修等。学校应积极与海外院校和机构建立合作关系，提供更多的海外学习和交流机会。此外，学校还可以通过设立国际合作奖学金，鼓励和支持学生参与这些项目，从而提升他们的国际竞争力。

总之，全球化与国际化需求对现代教育提出了新的挑战和要求。教育不仅要培养学生的知识和技能，还要着重培养他们的国际视野、跨文化交流能力和国际竞争力。通过跨文化交流与合作、多元文化教育、外语能力的提升以及海外学习与交流项目的实施，学校可以更好地适应全球化的发展趋势，为学生在国际人才市场中的竞争力奠定坚实的基础。

三、个性化与多样化教育

（一）学生个体差异的关注

1. 个性化学习方案

现代教育越来越重视学生的个体差异，通过制定个性化学习方案来满足不同学生的学习需求。个性化学习方案根据每个学生的兴趣、能力和学习进度量身定制，旨在最大限度地发挥学生的潜力。学校可以通过评估工具和数据分析，了解学生的学习习惯和知识掌握情况，从而制定适合他们的个性化学习计划。这种方式不仅可以提高学生的学习效率，还能增强他们的学习兴趣和积极性。

2. 学生兴趣与天赋的挖掘

关注学生的兴趣和天赋是个性化教育的重要内容。每个学生都有独特的兴趣和天赋，教育的任务在于发现并培养这些个性化的特质。学校可以通过兴趣小组、特长班和选修课程等形式，为学生提供多样化的学习和发展机会。例如，音乐、体育、艺术等特长班不仅能满足学生的兴趣，还能帮助他们在这些领域取得成就。此外，教师在日常教学中应善于发现学生的潜力，并给予及时的鼓励和指导，帮助他们充分发挥自己的天赋。

（二）多样化教学方法的应用

1. 项目式学习和探究式学习

项目式学习和探究式学习（Inquiry-Based Learning）是多样化教学方法的重要代表。这些方法侧重于学生在实际项目或探究活动中主动学习和解决问题。通过项目式学习，学生可以应用所学知识解决实际问题，进而培养批判性思维和创新能力。探究式学习则鼓励学生提出问题、设计实验、进行观察和分析，从而深化理解和建构知识。这些教学方法不仅使学习变得更加生动有趣，还能提高学生的自主学习能力和团队合作精神。

2. 游戏化教学与互动式学习

游戏化教学（Gamification）和互动式学习（Interactive Learning）是提高学生参与度和学习动力的有效手段。游戏化教学通过引入游戏元素，如积分、奖励和竞争等，使学习过程变得有趣和具有挑战性，从而激发学生的学习热情。例如，数学课堂可以通过游戏化软件，让学生在游戏中解决数学问题，获得即时反馈和奖励。互动式学习利用现代信息技术，如互动白板、虚拟现实和增强现实，为学生提供沉浸式和参与感强的学习体验。这些技术手段不仅增强了课堂的互动性，还使学习内容更加直观和易于理解。

3. 多样化教学的实践

为了有效实施多样化教学方法，学校需要提供丰富的教学资源并支持教师掌握多种教学技能。学校可以建设多功能教室、实验室和创新空间，为项目式学习和探究式学习提供场所和设备。同时，学校应鼓励教师参加专业培训和教学研讨，掌握游戏化教学和互动式学习的设计和应用技巧。此外，学校还可以利用在线平台和数字资源，丰富教学内容，拓展学习空间，为学生提供更多元的学习选择和体验。

总之，个性化与多样化教育是现代教育发展的重要方向，通过关注学生个体差异，采用多样化的教学方法，学校可以更好地满足学生的学习需求，激发他们的学习兴趣和潜力。项目式学习、探究式学习、游戏化教学和互动式学习等多样化教学方法的应用，不仅提升了教育质量，还培养了学生的自主学习能力、创新能力和综合素质，为他们的全面发展提供了有力支持。

四、综合素质与能力培养

（一）创新思维与实践能力

1. 科技创新与创业教育

在现代教育中，培养学生的创新思维和实践能力至关重要。科技创新与创业教育是培养学生创新能力的重要途径。学校应通过开设科技创新课程、组织创新比赛和创业讲座等方式，激发并培养学生的创新意识和创业精神。例如，设立创新实验室，让学生在实际操作中学习如何将创意转化为现实。学校还可以邀请成功企业家和创新专家分享经验，帮助学生了解创业过程中的挑战和机遇，培养他们的企业家精神和创新思维。

2. 实验室与实践基地建设

实验室和实践基地是学生进行实际操作和实践学习的重要场所。学校应加大对实验室和实践基地的投入，建设高标准的实验设施和多功能实践基地，为学生提供丰富的实践机会。通过在实验室进行科学实验、技术开发和项目实践，学生可以将课堂上学到的理论知识应用到实际操作中，培养他们的实践能力和动手能力。此外，实践基地还可以与企业和科研机构合作，提供实习和实践项目，让学生在真实的工作环境中锻炼，提升他们的职业技能和适应能力。

（二）综合素质的提升

1. 团队合作与领导能力

团队合作与领导能力是现代社会高度重视的综合素质之一。学校应通过多种途径培养学生的团队合作精神和领导能力。例如，在项目式学习和探究式学习中，学生需要分组合作，共同完成任务，这不仅锻炼了他们的团队合作能力，还培养了他们的沟通协调能力和领导素质。学校还可以设立学生会、社团和领导力培训课程，为学生提供实践和锻炼领导能力的平台和机会。通过这些活动，学生可以学习如何有效地组织和管理团队，如何激励和引导他人，实现共同目标。

2. 批判性思维与问题解决能力

批判性思维和问题解决能力是现代教育中不可或缺的素质。学校应通过课程设计和教学方法的创新，培养学生的批判性思维和问题解决能力。例如，通过探究式学习，鼓励学生提出问题、分析问题并设计解决方案，教师可以引导学生进行逻辑推理和批判性思考，培养他们的独立思考能力和判断力。学校还可以设置问题解决工作坊和讨论班，学生在这些活动中可以讨论实际问题、分享观点、提出改进方案，培养他们的分析能力和创造性解决问题的能力。

3. 综合素质培养的实践

为了有效提升学生的综合素质，学校需要提供多样化的活动和实践机会。例如，组织社会实践活动，让学生在社区服务、环境保护和社会调研等实际项目中，锻炼他们的社会责任感和实践能力。学校还可以开展模拟联合国、辩论赛、创意写作比赛等活动，培养学生的表达能力、团队合作精神和创新思维。此外，还可以利用校内外资源建立实践基地和实验室，为学生提供丰富的实践环境和项目，让他们在实践中提升综合素质和能力。

总之，现代教育需要全面关注学生的综合素质与能力培养。通过科技创新与创业教育、实验室与实践基地建设、团队合作与领导能力培养、批判性思维与问题解决能力的提升等多维度的努力，学校可以帮助学生全面发展，培养出适应现代社会需求的高素质人才。这不仅提升了教育质量，也为学生的未来发展奠定了坚实基础。

五、终身学习与职业发展

（一）终身学习理念的推广

1. 持续教育与在职培训

在现代社会，知识和技术日新月异，终身学习理念的重要性越发凸显。持续教育与在职培训是终身学习的核心组成部分。学校和教育机构应积极推广持续教育，提供各种形式的再教育和在职培训课程，帮助人们在职业生涯的不同阶段持续更新知识和技能。例如，开设夜校、周末班和在线课程，使在职人员能够在不影响工作的情况下继续学习，提高自身的职业素质和竞争力。

2. 学习型社会的构建

构建学习型社会是实现终身学习的重要目标。学习型社会不仅仅局限于学校教育，还包括社会各个层面的学习和教育资源共享。政府、企业和教育机构应共同努力，营造良好的学习氛围，提供丰富的学习资源和机会。例如，通过社区教育中心、公共图书馆、在线教育平台等途径，提供多样化的学习内容和活动，促进全民学习。建立终身学习认证和评估体系，认可和鼓励各类学习成果，使人们在学习过程中获得持续的动力和成就感。

（二）职业发展与技能提升

1. 职业规划与就业指导

职业规划与就业指导是帮助学生实现职业发展和技能提升的重要环节。学校应设立职业规划与就业指导中心，提供系统的职业咨询和指导服务，帮助学生明确职业目标，制定职业发展规划。通过职业测评、职业讲座、模拟面试等方式，帮助学生了解自己的兴趣、能力和职业倾向，提升职业素养和就业竞争力。此外，学校还应与企业合作，了解市场需求，调整课程设置，为学生提供符合社会需求的职业培训和技能提升课程。

2. 实习与实践机会的提供

实习和实践机会是学生将理论知识应用于实际工作的关键环节。学校应积极与企业、科研机构和社会组织合作，建立实习和实践基地，为学生提供丰富的实习机会和实践项目。通过实习和实践，学生可以获得宝贵的工作经验，了解行业动态，培养职业技能和职业素养。例如，安排学生到企业进行实习，参与实际项目，了解工作流程和业务操作，积累实战经验。此外，学校还可以组织学生参与社会调研、公益活动和创业实践，以拓宽学生视野，增强他们的社会责任感和实践能力。

3. 技能提升与职业发展培训

学校和教育机构应提供多样化的技能提升和职业发展培训课程，帮助学生和在职人员不断更新知识和技能，适应职业发展的需求。例如，开设计算机技能、语言培训、管理课程和专业技能培训，满足不同领域和行业的职业发展需求。采用线上线下相结合的培训模式，使学习更加灵活和便捷。定期举办行业专家讲座和职业技能竞赛，激发学习兴趣和动力，提升技能水平和职业竞争力。

总之，终身学习与职业发展是现代教育的重要组成部分。通过推广终身学习理念，提供持续教育与在职培训，构建学习型社会，以及加强职业规划与就业指导，提供丰富的实习与实践机会，学校和教育机构可以帮助学生和在职人员不断提升职业素质和竞争力，适应快速变化的社会环境，实现个人和职业的全面发展。这不仅提高了教育质量，也为社会的可持续发展提供了有力支持。

六、教育公平与社会责任

（一）教育资源的公平分配

1. 缩小城乡教育差距

教育公平是现代教育体系的重要目标之一。为了缩小城乡教育差距，政府和教育机构应采取多项措施。例如，加大对农村教育的财政投入，改善农村学校的基础设施和教学条件，确保农村学生能够享有与城市学生同等质量的教育。通过选派优秀教师到农村任教，提升农村教师的教学水平和专业素质。利用信息技术，开展远程教育和在线课程，弥补农村地区教育资源的不足，让更多的农村学生享受到优质的教育资源。

2. 促进教育机会均等

教育机会均等是实现社会公平的重要途径。各级政府和教育机构应制定和实施一系列政策和措施，确保所有学生，无论其家庭背景、经济状况或地域差异，都能平等地享有受教育的机会。例如，实施助学贷款和奖学金制度，为家庭经济困难的学生提供经济支持，确保他们不会因贫困而失学。推行义务教育阶段免学费和提供免费教科书政策，减轻家庭负担。通过提供特殊教育和补习班，帮助学业困难的学生提高学业成绩，从而进一步促进教育机会的均等化。

（二）高校的社会责任

1. 服务社会与社区发展

高校不仅是知识传播和人才培养的场所，也是推动社会进步和社区发展的重要力量。高校应积极履行社会责任，服务社会和社区发展。例如，鼓励高校师生参与社区服务和志愿活动，利用专业知识和技术为社区提供服务和支持。高校可以开展针对社区的科普讲座、健康咨询和法律援助等活动，提升社区居民的科学素养和生活质量。通过建立大学生志愿者团队，组织学生参与社会公益活动，增强学生的社会责任感和奉献精神。

2. 绿色教育与可持续发展

可持续发展是全球共同关注的重要议题，绿色教育是实现可持续发展的关键途径。高校应将可持续发展理念融入教育教学中，培养学生的环保意识和可持续发展能力。例如，开设环境科学和可持续发展课程，普及环保知识和可持续发展理念。推动绿色校园建设，倡导节能减排、资源循环利用和绿色消费，营造环保的校园文化。高校还可以通过开展科研项目和社会实践，探索可持续发展的新模式和新技术，为解决环境问题和实现可持续发展贡献智慧和力量。

3. 推动教育公平的创新实践

为了推动教育公平和实现社会责任，高校应不断创新实践。例如，实施跨校合作和资源共享计划，通过教师互访、课程互选和学分互认，促进不同高校之间的教育资源共享。开展国际合作与交流项目，引进国外优质教育资源，提升教育质量和国际化水平。推动在线教育平台建设，开发更多优质的在线课程，扩大教育覆盖面，为更多学生提供公平的学习机会。

总之，教育公平与社会责任是现代教育体系的重要组成部分。通过缩小城乡教育差距、促进教育机会均等，积极履行高校的社会责任，服务社会与社区发展，推动绿色教育与可持续发展，教育机构可以为社会的进步和可持续发展做出积极贡献。这不仅有助于实现教育公平，也有助于培养具有社会责任感和可持续发展能力的高素质人才，为构建和谐社会和美好未来奠定坚实基础。

第三章　国际视角下的教学模式创新

第一节　北美与欧洲高校的教学模式创新

一、引言

北美与欧洲高校在全球教育体系中占据着重要地位。美国的常春藤联盟和欧洲的牛津大学、剑桥大学等世界顶尖学府，长期以来在全球高等教育领域引领潮流。这些高校不仅在教学和科研方面处于世界领先地位，而且在教育模式创新方面也不断探索和实践，形成了独具特色的教育体系。它们的成功经验和创新模式为全球教育体系的发展提供了宝贵的参考和借鉴。

随着信息技术的迅猛发展和全球化进程的加速，传统的教学模式已无法完全满足现代社会对高素质人才的需求。教学模式创新成为各大高校提升教育质量、培养创新型人才的重要途径。科技进步、学生需求变化、全球竞争加剧等因素共同驱动教学模式的创新。通过不断探索新的教学方法和手段，北美与欧洲高校力图提高教学效果，增强学生的学习体验和能力，以更好地适应时代的发展需求。

探讨北美与欧洲高校教学模式创新的重要性在于，这些高校的创新实践不仅引领了全球教育发展的方向，还为其他国家和地区的教育改革提供了范例。通过分析和借鉴这些创新模式，教育研究者和政策制定者可以更好地理解和把握现代教育的趋势和规律，从而制定更加科学有效的教育改革方案。了解这些高校的创新实践，有助于推动全球教育事业的发展，促进教育公平和质量提升。

北美与欧洲高校的教学模式创新经验，对于其他地区高校具有重要的借鉴意义。首先，这些创新模式在不同文化和社会背景下的应用效果，可以为其他地区提供实践参考，帮助其在本地化实施中避免可能的问题和挑战。其次，通过学习这些创新模式，其他地区的高校可以激发自身的创新思维，结合本地实际情况，探索出符合自身特点的教育改革路径。最后，国际教育合作与交流的不断加强，也为全球高校共享优质教育资源、共谋教育发展提供了更多机会和平台。

总之，研究北美与欧洲高校的教学模式创新，不仅有助于理解全球教育发展的前沿动态，也为其他地区高校的教育改革提供了宝贵的经验和启示。在全球化背景下，教育创新是提升教育质量、培养创新型人才、推动社会进步的重要手段。通过借鉴和应用这些成功经验，全球各地高校可以共同进步，共同推动教育事业的发展。

一、北美高校的教学模式创新

（一）翻转课堂教学模式

关于"翻转课堂"的起源，国内文献存在两种观点。第一种观点认为，翻转课堂始于 2004 年，当时孟加拉裔美国人萨尔曼·可汗（Salman Khan）为了解答表妹的数学问题，录制并分享了教学视频。这一尝试为翻转课堂的概念奠定了基础[①]。另一种观点认为，翻转课堂于 2007 年在美国科罗拉多州的林地公园高中兴起，化学教师乔纳森·伯尔曼（Jon Bergmann）和亚伦·萨姆斯（Aaron Sams）通过录制和分享教学视频，为无法正常上课的学生提供补课服务，进行了翻转课堂的教学探索[②]。

事实上，美国哈佛大学教授埃里克·马祖尔（Eric Mazur）在 20 世纪 90 年代初就已经开始探索这种教学模式，其他教育者甚至在更早时期就提出了类似于"翻转课堂"的教学理念[③]。2000 年，美国塞达维尔大学的贝克（J. Wesley Baker）在第 11 届大学教学国际会议上首次正式提出并使用了"翻转课堂"这一概念，他提交的论文题目是《课堂翻转：使用网络课程管理工具进行辅助指导》[④]。

进入 21 世纪，信息技术的迅速发展为学习带来了新的机遇，也对传统学校教育提出了挑战。传统的"将技术添加到现有学校"的改革思路，逐渐被"通过新媒体技术推动传统学校教育的改革和重构"的理念所取代[⑤]。作为对传统教学方式无法兼容新学习方式的一种回应，拉赫（Maureen Lage）、普拉特（Glenn Platt）、特瑞吉亚（Mi-

---

① 朱宏洁，朱赟. 翻转课堂及其有效实施策略刍议 [J]. 电化教育研究，2013（8）：79-83.

② 张金磊，王颖，张宝辉. 翻转课堂教学模式研究 [J]. 远程教育杂志，2012（4）：46-51.

③ NOVEMBER A, MULL B. Flipped Learning: A Response to Five Common Criticisms [EB/OL]. (2012-03-26). http://www.eschoolnews.com/2012/03/26/flipped-learning-a-response-to-five-common-criticisms.

④ PILLING N. Baker's "Classroom Flip" Spreads Globally [EB/OL]. http://www.cedarville.edu/Offices/Public-Relations/CampusNews/2014/Bakers-Classroom-Flip-Spreads-Globally.aspx.

⑤ 柯林斯，哈尔弗森. 技术时代重新思考教育 [M]. 陈家刚，程伟铭，译. 上海：华东师范大学出版社，2013：1-17.

chael Tregia）在《经济学导论》课程中尝试翻转课堂模式，提供课文朗诵、教学视频和有声课件等多种学习资源，要求学生通过自主学习和自我评价按时完成作业，而课堂时间则用于学生对经济原则的应用，拓展了从前的小讲座（Mini-lecture）形式，转变为基于问题解决的小组讨论①。

萨尔曼·可汗利用视频网站分享制作好的教学视频，并成立了教育性非营利组织可汗学院（Khan Academy），这种利用信息技术进行个性化指导的教学模式因此广受关注。真正推动"翻转课堂"在高校及中小学普及的是乔纳森·伯尔曼和亚伦·萨姆斯两位化学教师。他们认为，传统的课堂教学方式难以进行一对一指导，不利于学生高阶思维的发展，也无法实现差异化教学。而"翻转课堂"旨在更好地利用课堂时间，帮助学生理解复杂概念②。2007 年秋，他们开始使用屏幕录制软件制作教学视频并上传到网上供学生观看，以便在课堂上进行更丰富的互动和实践活动③。2012 年 7 月，他们出版了《翻转你的课堂：每天接触每一个班级的每一个学生》一书，对"翻转课堂"进行宣传和推广。

目前，美国围绕"翻转课堂"这一主题已经成立了专门的协会、建立了多个网站，并拥有一个包括超过三千名成员的专业学习网络④。更为重要的是，翻转课堂的效果逐渐得到了验证。比如，恩菲尔德（Jacob Enfield）在加州州立大学北岭分校的两个班级中应用"翻转课堂"，结果显示，73.5%的学生认为这种新模式增强了他们的自信，61.8%的学生更愿意利用有指导意义的视频在课外获取知识，88.2%的学生认为所学内容和技巧对他们的职业和个性发展有帮助⑤。密歇根州的 Clintondale 高中自 2011 年起在所有班级实施"翻转课堂"，使学生毕业率飙升至90%以上，大学升学率从 2010 年的 63%提高到 2012 年的 80%。可以说，"翻转课堂"顺应了信息化时代教育发展的趋势，在实践中取得了显著效果，掀起了一场全球范围内的教学改革浪潮。

（二）问题导向学习（Problem-Based Learning，PBL）

问题导向学习（PBL）是一种以学生为中心的教学方法，始于 20 世纪 70 年代的

---

① Cynthia J. Brame. Flipping the Classroom［EB/OL］. http：//cft. vanderbilt. edu/teaching-guides/leaching-activities/flippin-g-the-classroom.

② BERGMANN J, SAMS A. Flip Your Students' Learning［J］. Educational Leadership. 2013，70（6）：16-20.

③ BERGMANN J, SAMS A. Flipped Learning：Maximizing Face Time［J］. T+D，2014，68（2）：28-31.

④ FULTON K. Upside Down and Inside Out：Flip Your Classroom to Improve Student Learning［J］. Learning & Leading With Technology，2012，39（8）：12-17.

⑤ ENFIELD J. Looking At the Impact of the Flipped Classroom Model of Instruction on Undergraduate Multimedia Students at CSUN［J］. TechTrends，2013，57（6）：14-27.

加拿大麦克马斯特大学。随后美国密歇根州立大学、荷兰的马斯特里赫特大学、澳大利亚的纽卡斯尔大学等高校将问题导向学习应用于医学教育中[1]。从那时起，问题导向学习法逐渐流行，并在企业界、医学界和教育界得到了广泛关注和应用。

孔子曾说："不闻不若闻之，闻之不若见之，见之不若知之，知之不若行之。"这句话说明了在学习过程中，参与的方式不同，效果也不同。问题导向学习是一种以学生为中心的主动学习模式，旨在帮助学生建立批判性思维，解决现实中的复杂问题。在问题导向学习的设置中，学生不能直接从教师那里获得答案，而是通过小组讨论和研究解决问题。在这种学习模式下，学生需要自主学习并与团队合作来完成学习目标[2]。问题导向学习的几个重要特点如下：

（1）设立问题情境。问题导向学习利用问题来激发学生的学习动力，将学习置于复杂且有意义的情境中，通过合作解决实际问题，让学生学会相关的科学知识。问题情境的设立不仅刺激了学生的信息处理能力，还促进了推理机制的应用，培养了他们解决问题的能力和自主学习能力[3]。

现代教育的发展趋势是从自我指导的学习，到群体讨论、同学互教和教师指导的参与式学习过程。问题导向学习将知识传播从传统的讲授转变为以学习者为中心的形式[4]。教师在这一模式中不再是唯一的知识传授者，而是辅导者和组织者。学生通过小组合作明确所需知识并利用这些知识解决问题[5]。

Aubrey Golightly 等人为了增强学生解决实际地理问题的能力，使用了问题导向学习方法。他们在南非波切夫斯特鲁姆大学对二、三年级学生进行研究，发现学生对问题导向学习持积极态度，尤其是女生比男生更为积极[6]。

由于问题导向学习以学生为中心，教师的角色从单一的讲授者转变为辅导者、组织者和监督者。然而，面对大量学生，教师可能感到力不从心。Jennifer H. Hyams 等人在澳大利亚 Charles Sturt 大学的兽医项目中开创了一种"团队促进"的方法，这种方

① ALBANESE M, MTCHELL S. Problem-based learning: A review of literature on its outcomes and implementation [J]. Academic Medicine, 1993 (68): 52-81.

② NEUFELD V, BARROWS H. The "McMaster Philosophy": An approach to medical education [J]. Journal of medical education, 1974 (49): 1040-1050.

③ BARROWS H, TAMBLYN R. Problem-based learning: An approach to medical education [M]. New York: Springer Publication Co, 1980.

④ BERKSON L. Problem-based learning: Have the expectations been met? [J]. Academic Medicine, 1993 (68): 79-88.

⑤ BARROWS H. A taxonomy of problem-based learning methods [J]. Medical Education, 1986, 20 (6): 481-486.

⑥ JOHNSON D, JOHNSON F. Jointing Together: Group Theory and Group Skills [M]. Boston, Mass: Allyn&Bacon, 2003.

法使 1~2 个教师能够有效管理 30 个学生，维持小型问题导向学习团队的学习质量。这依赖于多个组合的统一促进以及团队间的交流、讨论和学生的个人沟通技巧①。

问题导向学习被认为是一种系统的、独立的认知活动，通过处理实际问题来获取新知识和掌握新技能。许多先进的教育体系和学校正在尝试将教学模式从"以教师为中心"转变为"以学生为中心"，强调学生之间、教师与学生之间的共同学习过程。

二、欧洲高校的教学模式创新

（一）工学结合（Cooperative Education）

工学结合（Cooperative Education）是一种将课堂学习与实际工作相结合的一种教育模式。学生在完成学术课程的同时，还需要在企业或组织中进行有计划的、有指导的工作实践。通过这种模式，学生可以将所学理论应用于实际工作，积累宝贵的工作经验，提升就业竞争力。工学结合不仅有助于学生了解行业动态和职业要求，还促进了学校与企业的紧密合作，实现教育与产业的无缝对接。

工学结合的理念在早期的一些教育思想和实践中已经萌芽。英国的空想社会主义者托马斯·莫尔（Thomas More）在《乌托邦》中首次提出了劳动教育的主张，他建议在初等教育阶段，所有儿童不仅要学习农业知识，还要在城郊田地从事农业劳动。法国 18 世纪的启蒙思想家卢梭（Rousseau）在其"自然教育"理论中也强调了劳动教育，将劳动视为教育工具的一部分。他认为，在自由人的教育中，手工劳动是重要内容之一，并指出学习手工业技艺的目的是培养全面发展的"自然人"，而非仅仅培养工匠。这些教育思想强调了教育与劳动的结合，蕴含了工学结合的思想元素，但当时这些理念尚未引起广泛关注。

最能体现工学结合理念并对其发展产生深远影响的是学徒制。早在 13 世纪的德国，手工业中师傅带徒弟的培训形式已经推广开来，这种"口传心授"的学徒制包含了工学结合的萌芽思想。随着中世纪行会的出现，学徒制从一种私人习惯变为一种具有社会性质的行为，标志着职业教育的开端和工学结合思想的初步形成。

随着现代大机器工业生产的出现，单一的学徒制已无法满足社会发展的需求，劳动力培养方式也随之改变。过去那种在生产过程中师傅带徒弟的方式被逐渐取代，新

---

① WOOD D. ABC of learning and teaching in medicine：Problem based learning［J］．BMJ，2003（326）：328-330.

的集中培训模式应运而生，即全日制技术学校。18 世纪后期，随着学徒制度的逐渐瓦解，职业学校开始取代传统的学徒制。19 世纪后半叶，职业学校教育逐步走上正轨，专注于技术教育。

随着世界民主革命运动的兴起，学校开始以"勤工俭学"为手段，通过半工半读的方式实现自食其力的目标。这种教育形式结合了劳动与学习，推动了新式学校的"工学并举"理念的发展，并在 20 世纪中期掀起了一股工读思潮。

二战后，世界经济依然沿着工业化生产的路径发展。然而，随着生产力和科技的进步，工厂生产对员工技能的要求和管理方式发生了显著变化。尽管在 20 世纪 50 年代和 20 世纪 60 年代，泰勒主义和福特主义在工厂中依然盛行，但科技升级和第三次科技革命的技术变革，特别是消费市场对大宗标准化产品的疲劳感，推动了新兴产业如电子、信息、物流等的崛起，并催生了新福特主义、后福特主义、新现代泰勒主义、丰田方式等新的生产和管理模式。

这些快速变化向职业教育发出了明确的信号：现代企业需要更多技术熟练、多才多艺且灵活的工人，"技能短缺"问题将影响企业生产力并削弱其竞争力。各国政府开始重视这一问题，并将职业教育视为国家发展战略的重要组成部分，以应对经济竞争和人力资本开发的需求。

工业革命后的一个多世纪里，学校职业教育一直是职业教育的主流。尽管在很长一段时间里，它确实培养了工厂生产所需的初级技能劳动者，并促进了教育的民主化，但学校职业教育与实际工作世界的脱节以及课程的"学问化"问题，逐渐引发了企业界、教育界和学生的质疑，改革迫在眉睫。当人们认为学徒制只适合家庭作坊的手工业经济，应被历史遗忘时，德国的成功引起了全球对学徒制的重新关注和思考。德国作为两次世界大战的策源地和战败国，在战后面临严重的经济困难和东西德分裂，但在短短十多年间，联邦德国实现了经济的高速发展，成为资本主义世界的第二大经济强国。其成功的一个重要因素被认为是德国以双元制为特色的职业教育体系，这种双元制将学校教育与工作培训紧密结合，是现代学徒制的典型代表。

各国纷纷研究和效仿德国的双元制，希望在本国也能建立或改造类似的学徒制，以适应现代经济和社会发展的需要。从 20 世纪 80 年代末开始，西方各国陆续进行了学徒制的改革，相关的立法、政策和项目层出不穷。例如，欧洲许多国家进行了相关立法，丹麦和希腊在 1991 年进行了相关立法，卢森堡在 1993 年，葡萄牙在 1994 年，法国分别在 1987 年、1993 年、2000 年，爱尔兰在 1994 年，荷兰在 1996 年，西班牙在 1995 年，英国在 1994 年推行现代学徒制，澳大利亚在 1998 年推行新学徒制，美国和加拿大从 20 世纪 90 年代起也一直在进行学徒制的改革。

因此，学徒制在现代社会得到了复兴，掀起了新一轮的研究和实践热潮。本书将二战后出现的这种以德国双元制为典型代表的、适应现代经济与社会需求、以校企合作为基础、并纳入国家人力资源开发战略的学徒制称为"现代学徒制"。虽然"现代学徒制"这一术语首次出现在 1994 年英国政府的"现代学徒制计划"中，并在 2004 年英国的学徒制项目中停止使用，但笔者认为，"现代学徒制"突出了其时代特征和独特性，有助于区分当前学徒制与以往学徒制的不同。

目前，多数欧盟国家以及澳大利亚、加拿大等国都已建立或正在探索适合新时期的国家现代学徒制系统。数据显示，现代学徒制在当代德国和澳大利亚的职业教育中占有重要地位，在加拿大、法国、爱尔兰和英国等国家，它也是学校职业教育的重要补充，但其在美国的发展则相对较弱。

（二）项目式学习

项目式学习是一种以学生为中心的教学方法，通过让学生参与实际项目，解决真实问题，培养他们的批判性思维和实践能力。在这种模式下，学生需要进行独立研究、团队合作、项目设计和成果展示，整个过程注重学生的探究能力和创新能力。项目式学习不仅帮助学生掌握学科知识，还促进了他们的综合素质发展，如沟通能力、团队合作精神和解决问题的能力。

"项目方法（The project method）"最早由克伯屈（kilpatrick）在 1918 年提出，他在《项目方法》一文中将其定义为"在教育过程中有目的、有意义行为的使用"。他列举了许多关于学生有目的、有意义地进行项目的例子，认为项目式学习是一种学习方法。然而，随着这种方法在学校教育中的应用，项目式学习逐渐演变成了一种教学方法。尽管学界对项目式学习的研究不断深入，但其具体概念定义仍未达成一致。

1. 起源于欧洲的职业教育

项目式学习最初仅在建筑行业中用于培养人才，后来逐渐扩展到学校教育领域，成为一种教学方法。Michael Knoll 在 1997 年追溯了项目式学习的起源，认为其起源于 16 世纪末的欧洲。当时，一些建筑大师和画家成立了圣卢卡艺术学院，并使建筑成为独立的专业，开始在建筑教育中使用项目式教学法。起初，项目式教学法并未真正进入课程设置中。后来，圣卢卡学院通过设置建筑比赛，促使学生将学术知识与实践相结合，从而推动了项目式学习的发展。法国阿卡德米皇家建筑的一系列建筑比赛进一步推动了这一理念的普及和认可。1671 年，法国建筑师借鉴意大利的项目式教学模式，并进行了本土化改进，如限制校外人士参与，仅允许学生参加比赛，增加比赛次数等。这些措施使项目式学习在欧洲得到了广泛认可。

2. 作为常规教学法盛行于美国

18 世纪末至 19 世纪初，项目式教学法开始在美国的工业教育领域得到应用。伊利诺伊州大学机械工程教授斯蒂尔曼·罗宾逊（Stillman H. Robinson）在 1870 年左右提出，学生不仅要能在图纸上起草项目，还要能在车间里操作项目，实现项目的实际建造。1976 年，伍德·沃德教授在费城百年纪念展上了解到俄罗斯手工艺品中使用的项目式学习法，并将其引入美国中学。在三年的高中学习中，学生首先学习基础工具的认识和技能的掌握，如车间中的旋转螺钉操作。每个单元或学期结束时，学生需要进行独立开发项目。此后，项目式学习在美国实现了从大学到中学的多领域推广。

3. 国际化发展

随着项目式学习在意大利、美国等国家的普及，20 世纪初，这种方法开始在全球传播发展。此时，有学者专门研究项目式学习的方法。克伯屈在杜威的"做中学"思想基础上，发表了一篇关于项目式学习方法的文章，为该领域的研究奠定了理论基础。杜威肯定了项目式学习法，但他也强调教师在项目式学习过程中的指导作用。在芝加哥实验学校，杜威进行了基于探究的项目式学习研究，发现当学生从事真实的、有意义的问题，模仿专家在现实世界中的做法时，他们对问题的理解更加深入。

进入 21 世纪，无论是从方法还是内容，亦抑或从激发学生学习动力的角度，学者们都对项目式学习进行了更为深入的研究，这促进了项目式学习在全球的传播与发展。

（三）国际化与跨文化教育

1. 国际交流项目（International Exchange Programs）

国际交流项目是欧洲高校促进国际化教育的重要举措。通过与国外大学建立合作关系，学生有机会到海外进行交换学习、短期研修或联合培养项目。这些项目不仅拓宽了学生的国际视野，还增强了他们的跨文化交流能力和适应能力。学生在不同的文化背景中学习和生活，能够更好地理解和尊重多样性，培养全球公民意识。

2. 多元文化课程（Multicultural Curriculum）

多元文化课程旨在提高学生对不同文化的理解和包容性。欧洲高校在课程设置中融入了大量的多元文化内容，如世界历史、跨文化交流、全球经济等。通过这些课程，学生可以学习到不同文化的知识和价值观，增强他们的跨文化沟通能力和国际理解力。这种教育方式不仅丰富了学生的学习体验，还为他们未来在国际化环境中的工作和生活做好了准备。

（四）可持续发展教育

1. 绿色校园与可持续课程（Green Campus and Sustainable Curriculum）

欧洲高校高度重视可持续发展教育，倡导绿色校园和可持续课程。绿色校园建设包括节能环保设施的使用、可再生能源的推广和绿色空间的维护等。高校还开设了可持续发展相关课程，如环境科学、可再生能源管理和可持续建筑等，培养学生的环保意识和可持续发展能力。通过这些举措，高校不仅为学生提供了良好的学习环境，还培养了他们的环保责任感和实践能力。

2. 社会责任与公民教育（Social Responsibility and Civic Education）

社会责任与公民教育是欧洲高校教育的重要组成部分。高校通过课程和实践活动，培养学生的社会责任感和公民意识。例如，开设社会服务课程、组织社区志愿服务、开展公民意识教育等，帮助学生理解和履行自己的社会责任。学生通过参与这些活动，不仅增强了社会实践能力，还培养了他们的领导力和团队合作精神，成为具有社会责任感的公民。

通过这些教学模式的创新，欧洲高校在提升教育质量、促进学生全面发展和培养全球化人才方面取得了显著成效。这些创新模式的成功经验为全球教育提供了宝贵的参考和借鉴。

三、北美与欧洲高校教学模式创新的对比

（一）共性与差异

1. 教学方法和教育理念的共性

北美和欧洲高校在教学方法和教育理念上有许多共性，二者都注重以学生为中心的教学模式，强调学生的自主学习和批判性思维能力的培养。无论是北美的翻转课堂、混合学习，还是欧洲的问题导向学习、探究式学习，这些创新模式都注重学生在学习过程中的主动参与和互动。此外，北美和欧洲高校都高度重视实践导向的教育，通过实习、实践课程、工学结合等方式，帮助学生将理论知识应用于实际，提升他们的就业竞争力和职业能力。

2. 文化背景与教育政策导致的差异

尽管有许多共性，但北美和欧洲高校在文化背景和教育政策方面的差异也导致各自教学模式的不同。北美高校普遍受益于较为灵活的教育政策和强大的技术基础设施支持，能够更快地采用和推广在线教育平台和高科技教学工具。欧洲高校则更强调国际化与跨文化教育，受益于欧盟内部的紧密合作和交流机制，开展了大量的国际交流项目和多元文化课程。此外，欧洲高校在可持续发展教育和社会责任教育方面投入较多，倡导营造绿色校园和强化社会责任感。

（二）具体案例分析

1. 北美高校的成功案例

（1）哈佛大学的翻转课堂

哈佛大学在多门学科中采用了翻转课堂的教学模式。在这种模式下，学生在课前通过在线视频和阅读材料自学课程内容，课堂上则集中进行讨论、案例分析和小组活动。哈佛大学的翻转课堂显著提高了学生的学习参与度和课堂互动性，使学生在课堂上能够更深入地理解和应用知识。

（2）斯坦福大学的混合学习

斯坦福大学广泛应用混合学习模式，将线上课程与线下讨论和实践相结合。例如，在计算机科学课程中，学生通过在线平台学习编程基础知识，然后在课堂上进行编程项目的讨论和协作开发。斯坦福大学的混合学习模式提高了学生的学习灵活性和实践能力，使他们能够在真实项目中锻炼技能。

2. 欧洲高校的成功案例

（1）荷兰马斯特里赫特大学的问题导向学习

马斯特里赫特大学是问题导向学习（问题导向学习）的先驱，该校通过小组合作解决实际问题的方式来促进学生的学习。在医学、法律和商科等课程中，学生需要面对真实案例，进行自主研究和团队讨论。问题导向学习模式培养了学生的独立思考能力和团队合作精神，使他们毕业后能更好地适应职业环境中的挑战。

（2）芬兰阿尔托大学的跨学科课程

阿尔托大学通过跨学科课程设计，推动创新和创业教育。学校设立了多个创新实验室和创业孵化器，为学生提供跨学科合作和创新项目的机会。例如，结合艺术、设计和技术的课程，使学生能够从不同学科的视角探索和解决复杂问题，培养他们的创新能力和创业精神。

3. 对比总结

通过对北美和欧洲高校教学模式的对比分析，可以看出，二者在教学创新方面既有共性，又有独特之处。北美高校更侧重于技术与教育的融合，强调在线教育和高科技应用。而欧洲高校则更注重跨文化交流和可持续发展教育，倡导社会责任感和绿色校园的建设。两者的成功案例为全球教育提供了宝贵的经验和借鉴，启示我们在进行教学模式创新时，应结合本地文化背景和教育政策，选择适合的创新路径。

总之，北美和欧洲高校的教学模式创新，既反映了全球教育发展的共同趋势，也展示了各自独特的创新特色。这些创新模式的成功应用，不仅提升了教育质量和学生的综合素质，还为其他地区高校的教育改革提供了有益的启示和参考。

四、教学模式创新对学生的影响

（一）学习效果的提升

1. 学习主动性与参与度

教学模式创新极大地提升了学生的学习主动性与参与度。传统的被动学习方式逐渐被学生主导的学习方法所取代，例如翻转课堂和项目式学习。这些方法鼓励学生在课前自主学习，并在课堂上积极参与讨论和实践活动。学生不仅在课前预习时需要主动获取知识，还在课堂上通过互动和合作进一步深化理解。这种方式提高了学生对学习的兴趣和投入度，使他们在学习过程中更加主动和积极。

2. 批判性思维与创新能力

通过问题导向学习（问题导向学习）和探究式学习等教学模式，学生的批判性思维和创新能力得到了显著提升。在问题导向学习中，学生面对现实问题，必须进行深度分析和批判性思考，寻找有效的解决方案。探究式学习则鼓励学生提出问题、设计实验、进行数据分析和得出结论，这一过程培养了他们的探究精神和创新能力。这些教学方法使学生不仅掌握了知识，还学会了如何应用知识进行创新和解决复杂问题。

（二）职业能力的培养

1. 实践能力与就业竞争力

教学模式创新注重实践导向的教育，使学生的实践能力和就业竞争力大大增强。

通过工学结合、实习和实践课程，学生在校期间就能积累丰富的工作经验。例如，在工学结合模式下，学生可以在企业中进行有指导的工作实践，将课堂所学应用于实际工作中。这不仅提高了他们的实践能力，还帮助他们了解行业动态和职业要求，增强了就业竞争力。

2. 团队合作与领导力

创新教学模式强调团队合作和领导能力的培养。在项目式学习和跨学科课程中，学生通常需要以小组形式完成任务，这要求他们进行有效的团队合作、沟通和协调。在这个过程中，学生学会了如何分工合作、处理团队冲突和共同解决问题。此外，通过领导团队完成项目，学生的领导能力得到了锻炼和提升。他们学会了如何制定计划、分配任务和激励团队成员，这些都是未来职业生涯中至关重要的技能。

教学模式的创新对学生的学习效果和职业能力产生了深远的影响。通过提升学习主动性和参与度，培养批判性思维和创新能力，学生能够在学术和职业生涯中取得更大的成功。实践能力和就业竞争力的增强，以及团队合作和领导力的提升，使学生能够更好地适应未来的工作环境，成为全面发展的高素质人才。教育改革和创新的成功经验，为全球教育提供了有力的借鉴和启示，推动了教育质量的不断提升。

五、对其他地区高校的借鉴意义

（一）教学模式创新的普适性原则

1. 因地制宜的创新策略

在实施教学模式创新时，各地区高校应根据自身的具体情况制定因地制宜的策略。不同地区的文化背景、教育传统、经济发展水平和社会需求各不相同，直接照搬其他地区的模式可能无法取得预期效果。因此，在借鉴先进的教学模式时，应充分考虑本地的实际情况，进行适当的调整和改进。例如，可以结合本地学生的学习习惯和兴趣，设计出既能引起学生兴趣又能提高学习效果的教学方案。此外，还应注意与本地产业发展的结合，确保教育内容能够满足区域经济和社会发展的需求。

2. 教育资源与环境的考量

教育资源的分配和环境建设是教学模式创新的重要因素。高校在推动教学创新时，应评估现有的教育资源，包括师资力量、硬件设施和信息技术水平。根据评估结果，制定合理的资源配置方案，确保创新措施能够得到有效落实。同时，还应注重校园环境的建设，提供良好的学习和科研氛围。现代教学模式往往依赖于先进的信息技术和设施，如智慧教室、在线教育平台等，因此，高校需要在这些方面进行必要的投资和升级，以支撑新的教学模式。

（二）推动教学模式创新的建议

1. 政策支持与资金投入

政府和教育主管部门的政策支持对教学模式创新至关重要。高校需要明确的政策指引和鼓励措施，以推动教学改革的顺利进行。政府可以通过出台相关政策，提供专项资金，支持高校进行教学模式的创新和实践。这些资金可以用于建设现代化的教学设施、购买先进的教学设备、开发创新的教学资源等。此外，政府还可以设立奖项或补助项目，以激励教师和学生积极参与教学创新。

2. 教师培训与专业发展

教师是教学模式创新的关键执行者，因此，教师培训和专业发展显得尤为重要。高校应定期组织教师参加各类培训和研讨会，让其了解最新的教育理念和教学方法，增强其教学能力和创新意识。此外，还应鼓励教师进行教学研究和实践探索，分享成功经验，推动教学模式的不断改进。同时，还应建立健全的教师评价和激励机制，对在教学创新中表现突出的教师给予表彰和奖励，以激发更多教师参与到教学模式创新中来。

教学模式创新对提升教育质量、促进学生全面发展具有重要意义。其他地区高校在借鉴先进教学模式时，应遵循因地制宜的原则，充分考虑本地的实际情况和教育资源条件。同时，需要政府和教育主管部门的政策支持和资金投入，以及教师的积极参与和不断学习。通过综合施策，各地区高校可以有效推动教学模式创新，实现教育水平的整体提升。

第二节　东亚与东南亚的教学变革特色

一、引言

东亚与东南亚地区在全球教育体系中占据重要地位。这些地区拥有众多知名高等教育机构，培养了大量高素质人才，并在科研和技术创新方面取得了显著成就。国家如中国、日本、新加坡和韩国等，已成为全球教育和科研的重镇。东南亚国家如马来西亚、泰国和印度尼西亚等，也在积极提升其高等教育水平，通过实施各种教育改革措施，力图增强国际竞争力。

随着全球化的深入和信息技术的迅猛发展，传统教学模式已无法完全适应现代社会对高素质人才的需求。学生需要具备创新思维、实践能力和跨文化交流能力，这要求教育体系进行深刻变革。东亚与东南亚地区的教学变革，既是响应全球教育改革趋势的必然选择，也是提升地区竞争力的迫切需求。推动教学变革的主要驱动力包括信息技术的发展、社会对创新人才的需求、全球化带来的文化交流与融合等。

探讨东亚与东南亚的教学变革具有重要意义。首先，这些地区在全球教育体系中具有显著影响力，其教学模式的变革经验可以为全球教育改革提供有益的参考。其次，东亚与东南亚的教育体系具有独特的文化背景和发展路径，其教学变革的成功经验和其面临的挑战对于其他地区具有重要借鉴价值。

东亚与东南亚高校的教学变革经验，对其他地区高校具有深刻的借鉴意义。首先，这些变革展示了如何在保持文化特色的同时，实现教育现代化，提升教育质量。其次，这些地区的成功案例可以为其他地区提供实际操作的参考，特别是在教育技术应用、跨学科教育和国际化教育等方面。此外，东亚与东南亚的教学变革还强调了政策支持、教师培训和资源配置的重要性，这些经验对其他地区的教育改革具有普遍适用性。

总之，研究东亚与东南亚的教学变革，不仅有助于理解全球教育发展的趋势和挑战，还可以为其他地区的教育改革提供宝贵的经验和启示，推动全球教育水平的提升。

二、东亚高校的教学变革

（一）以学生为中心的教学改革

1. 小组合作学习

东亚高校积极推动小组合作学习，以增强学生的团队协作能力和互动交流能力。小组合作学习通过将学生分成若干小组，让他们在合作中解决问题、完成任务和进行讨论。这种方式不仅提升了学生的沟通技巧，还培养了他们的团队精神和解决问题的能力。例如，我国和日本的许多高校在课程中引入小组项目，让学生在实际操作中应用所学知识，增强了学生学习的实际效果。

2. 翻转课堂

翻转课堂是东亚高校广泛采用的一种创新教学模式。在翻转课堂中，学生在课前通过视频、在线课程等形式自主学习新知识，课堂上则进行讨论、实践和应用活动。此种模式改变了传统课堂中教师讲授、学生听课的单向知识传递方式，增强了学生的主动性和参与度。韩国和我国的许多高校在数学、物理等课程中使用翻转课堂，取得了显著成效，学生的学习积极性和学业成绩都有所提高。

（二）高科技在教育中的应用

1. 智慧教室与数字校园

东亚高校大力建设智慧教室和数字校园，以促进教学的现代化。智慧教室配备先进的多媒体设备、互动白板和无线网络，为教师和学生提供了便捷的教学工具和丰富的学习资源。数字校园则通过校园网、云计算等技术，实现了教学管理、学生服务和资源共享的数字化。新加坡和我国的一些大学率先建设了智慧教室和数字校园，为其他高校提供了成功的示范。

2. 在线教育平台

在线教育平台的广泛应用是东亚高校教学变革的重要内容。高校通过建立和利用在线教育平台，提供丰富的在线课程和学习资源，使学生能够随时随地进行学习。平台还支持教师与学生的在线互动和讨论，增强了教学的灵活性和效果。我国的清华大学和北京大学等高校已经建立了自己的在线教育平台，为学生提供了多样化的学习选择。

3. 教育国际化的推进

（1）国际合作与交流项目

东亚高校积极推进国际合作与交流项目，拓展学生的国际视野和跨文化交流能力。高校通过与海外知名大学建立合作关系，开展学生交换、联合培养和科研合作等项目，让学生有机会到国外学习和交流。例如，韩国和日本的许多大学与欧美高校建立了广泛的合作关系，学生可以通过交换项目体验不同的教育体系和文化背景。

（2）双语教育与外语教学

双语教育和外语教学是东亚高校国际化的重要举措。高校通过开设双语课程和强化外语教学，提升学生的外语水平和跨文化沟通能力。新加坡的高校普遍采用双语教育模式，学生可以选择用英语或母语进行学习。我国和日本的高校也在不断增加英语授课的课程比例，鼓励学生学习外语。

（三）创新与创业教育

1. 创新实验室与创业孵化器

东亚高校重视创新与创业教育，建设了大量的创新实验室和创业孵化器。这些平台为学生提供了创新实践的机会和创业支持，鼓励学生进行科技创新和创业活动。例如，我国的清华大学和新加坡国立大学建立了多功能的创新实验室，为学生提供了从创意到产品开发的全流程支持。

2. 创新竞赛与项目式学习

为了培养学生的创新能力和实际操作能力，东亚高校积极组织创新竞赛和项目式学习活动。创新竞赛为学生提供了展示创意和技术的平台，激发了他们的创新热情。项目式学习则通过真实项目的设计和实施，培养学生的实践能力和团队合作精神。例如，日本和韩国的高校每年都会举办多种形式的创新竞赛，吸引了大量学生参与，推动了创新教育的发展。

通过这些教学变革，东亚高校不仅提升了教育质量和学生的综合素质，还为其他地区的高校提供了宝贵的经验和借鉴。

三、东南亚高校的教学变革

（一）技术驱动的教学创新

1. 远程教育与在线学习

东南亚高校积极采用远程教育和在线学习模式，以应对地域广阔和资源分布不均的问题。通过互联网和数字技术，学生可以随时随地获取教育资源，参与线上课程和讨论。这种模式特别适用于偏远地区和工作繁忙的在职人士。例如，马来西亚和菲律宾的一些高校已经建立了完善的在线学习平台，为学生提供丰富的学习资源和灵活的学习时间。

2. 教学管理系统与电子学习资源

为了提高教学管理效率和资源利用率，东南亚高校广泛采用教学管理系统（LMS）和电子学习资源。这些系统可以帮助教师管理课程、跟踪学生进度，并提供在线评估和反馈。电子学习资源包括电子书籍、视频讲座和互动练习等，极大地丰富了教学内容。例如，新加坡的许多高校采用先进的 LMS 系统，结合丰富的电子学习资源，为学生提供了个性化的学习体验。

（二）以职业为导向的教育改革

1. 技术与职业教育

东南亚地区重视技术与职业教育（TVET），以满足劳动力市场的需求。高校与企业合作，设计实践导向的课程，培养学生的实际操作技能和职业素养。例如，泰国和印度尼西亚的高校设有多种技术与职业教育课程，涵盖工程、护理、信息技术等领域，帮助学生在毕业后迅速适应工作岗位。

2. 校企合作与实习项目

校企合作和实习项目是东南亚高校的重要特色，通过与企业建立紧密合作关系，学生可以在实际工作环境中学习和实践。这不仅提高了学生的职业能力，也增强了他们的就业竞争力。例如，马来西亚和越南的高校与当地企业合作，提供多种实习和实践机会，让学生在真实工作环境中锻炼技能。

（三）多样化与包容性的教育

1. 多元文化课程与包容性教育

东南亚是一个多元文化的地区，高校通过开设多元文化课程和实施包容性教育，促进学生对不同文化的理解和尊重。这些课程不仅涵盖区域内的多种文化，还包括全球视野的多样性教育。例如，新加坡和马来西亚的高校在课程设置中注重多元文化内容，培养学生的跨文化交流能力和包容性。

2. 社会责任与可持续发展教育

社会责任和可持续发展教育在东南亚高校中逐渐受到重视。高校通过课程和课外活动，培养学生的社会责任感和环保意识。学生们参与社区服务、环保项目和社会企业活动，学习如何通过自身行动促进社会和环境的可持续发展。例如，泰国和菲律宾的高校积极开展可持续发展课程和环保实践活动，增强学生的社会责任感。

（四）基础教育的加强

1. 基础设施改善与教育资源投入

东南亚高校通过改善基础设施和增加教育资源投入，提升教育质量。政府和高校加大对教学楼、实验室、图书馆和信息技术设备的投资，确保学生拥有良好的学习环境。例如，越南和印度尼西亚的高校在基础设施建设上投入大量资金，显著改善了教学条件。

2. 教师培训与专业发展

教师是教育质量的关键，东南亚高校重视教师培训和专业发展。通过定期举办培训班、研讨会和国际交流活动，提高教师的教学能力和专业水平。此外，高校还鼓励教师参与教育研究和教学创新，提升整体教育水平。例如，马来西亚和新加坡的高校定期组织教师参加国内外培训，提高其教学和科研能力。

通过这些教学变革，东南亚高校不仅提升了教育质量和学生的综合素质，还为其他地区的高校提供了宝贵的经验和借鉴。这些创新措施和实践模式，展示了东南亚高校在应对教育挑战方面的积极探索和成功经验。

四、东亚与东南亚教学变革的对比

（一）共性与差异

1. 教学改革的共同目标与策略

东亚与东南亚高校在教学改革中有许多共同目标和策略。二者都强调以学生为中心的教学方法，注重培养学生的自主学习能力和批判性思维。此外，技术驱动的教学创新，如在线教育平台和智慧教室，也在这两个地区广泛应用，以提升教育质量和教学效率。两地区的高校都积极推动国际化教育，通过国际合作与交流项目，提升学生的全球视野和跨文化交流能力。职业导向的教育改革也是共同点，旨在增强学生的实践能力和就业竞争力。

2. 文化背景与政策环境导致的差异

尽管有许多共性，东亚与东南亚高校在教学改革中也体现出明显的差异。这些差异主要源于各自独特的文化背景和政策环境。东亚国家如中国、日本和韩国，受儒家文化影响较深，传统上注重教育的严谨性和系统性，这在其教学模式中有所体现。东南亚国家如马来西亚、泰国和印度尼西亚，由于多元文化背景，其教学模式更加注重包容性和多样性。此外，东亚国家在政策支持和资金投入方面通常更为充足，而东南亚国家则可能面临更多的资源限制，需要在有限的资源下进行创新。

（二）具体案例分析

1. 东亚高校的成功案例

（1）中国的翻转课堂

我国的许多高校，如清华大学和北京大学，积极推行翻转课堂这一创新教学模式。通过预先录制教学视频供学生课前学习，课堂时间则用于讨论、答疑和实践活动。这种教学方法提高了学生的自主学习能力和课堂参与度。例如，北京大学的翻转课堂项目在多门学科中实施，学生普遍反映这种模式能使他们能更有效地掌握知识。

2. 日本的多学科融合

日本的东京大学等高校通过跨学科课程设计，促进学生在多个学科领域的综合学习。学校设立了多学科融合的实验室，鼓励学生参与跨学科研究项目，这不仅培养了学生的创新能力，还增强了他们解决复杂问题的能力。例如，东京大学的"跨学科创新项目"让学生在真实项目中应用不同学科的知识，取得了显著成效。

3. 东南亚高校的成功案例

（1）马来西亚的在线学习平台

马来西亚的高校，如马来亚大学，积极推动在线学习平台的发展。这些平台提供了丰富的课程资源和灵活的学习模式，尤其适用于偏远地区的学生。马来亚大学的在线学习平台整合了多种学习资源，并通过线上讨论和实时答疑，增强了学生的学习体验和效果。

（2）泰国的职业教育改革

泰国的技术与职业教育改革取得了显著成果。泰国的高校与当地企业紧密合作，开设了许多实践导向的课程和实习项目。例如，泰国的朱拉隆功大学与多家大型企业合作，建立了"校企合作中心"，学生通过在真实工作环境中的实习，积累了宝贵的实践经验，显著提高了就业竞争力。

通过对东亚与东南亚高校教学变革的共性与差异进行分析，可以看到二者在教学改革中都取得了显著成效。东亚高校的成功案例展示了技术驱动的教学创新和多学科融合的优势，而东南亚高校则在在线学习平台和职业教育改革方面展现了其独特的创新能力。这些成功案例为全球教育改革提供了宝贵的经验和借鉴，推动了教育质量的提升和学生综合素质的发展。

五、教学变革对学生的影响

（一）学习效果的提升

1. 学习主动性与参与度

教学变革显著提升了学生的学习主动性与参与度。通过翻转课堂和小组合作学习等创新教学方法，学生不再是被动地接受知识，而是主动参与到学习过程中。例如，翻转课堂要求学生在课前通过观看视频和阅读资料进行自学，课堂时间则用于互动讨论和实践活动。这种模式鼓励学生提前预习并积极参与课堂讨论，增强了他们的学习主动性和课堂参与度。

2. 批判性思维与创新能力

现代教学模式注重培养学生的批判性思维和创新能力。问题导向学习和探究式学习等方法，鼓励学生在面对复杂问题时进行深度思考和独立研究。通过解决实际问题，学生不仅掌握了相关知识，还发展了分析问题和创造性解决问题的能力。例如，在问题导向学习课程中，学生通过团队合作研究课题，从中学会如何质疑、分析和创新，极大地提升了他们的批判性思维和创新能力。

（二）职业能力的培养

1. 实践能力与就业竞争力

教学变革注重实践能力的培养，使学生在毕业时具备更强的就业竞争力。技术与职业教育（TVET）和校企合作项目，通过实习和实践课程，帮助学生在真实工作环境中积累经验。例如，泰国和马来西亚的高校通过与企业合作，为学生提供丰富的实习机会，使他们在毕业时已经具备了相关行业的实际操作技能。这些实践经验不仅提高了学生的专业能力，还增强了他们在就业市场上的竞争力。

2. 团队合作与领导力

现代教学模式强调团队合作和领导力的培养。小组合作学习和项目式学习要求学生在团队中分工协作，完成共同的任务。通过这种方式，学生学会了如何与他人有效沟通、合作，以及如何在团队中发挥领导作用。例如，在项目式学习中，学生需要组织团队，制定计划，分配任务，并共同解决问题，这一过程培养了他们的团队合作精神和领导力。

　　教学变革不仅提升了学生的学习效果，还显著增强了他们的职业能力和综合素质。通过创新的教学方法，学生的学习主动性和参与度得到了提高，批判性思维和创新能力得到了培养。同时，通过实践导向的教育模式和丰富的实习机会，学生的实践能力和就业竞争力显著增强。此外，团队合作和领导力的培养使学生在未来的职业生涯中具备了更强的竞争力。这些变革的成果，为全球教育提供了有益的经验和借鉴，推动了教育质量的全面提升。

六、对其他地区高校的借鉴意义

（一）教学变革的普适性原则

1. 因地制宜的创新策略

　　在借鉴东亚和东南亚高校教学变革经验时，其他地区高校应根据自身的实际情况，制定因地制宜的创新策略。各地区的文化背景、教育传统、经济水平和社会需求各不相同，直接照搬其他地区的模式可能难以取得预期效果。因此，借鉴时需充分考虑本地实际情况，进行适当的调整和改进。例如，可以结合本地学生的学习习惯和兴趣，设计既能引起学生兴趣又能提高学习效果的教学方案。此外，还应注意与本地产业发展的结合，确保教育内容能满足区域经济和社会发展的需求。

2. 教育资源与环境的考量

　　教育资源的分配和环境建设是教学变革的重要因素。高校在推动教学变革时，应评估现有的教育资源，包括师资力量、硬件设施和信息技术水平。根据评估结果，制定合理的资源配置方案，确保创新措施能得到有效落实。同时，还应注重校园环境的建设，提供良好的学习和科研氛围。现代教学模式往往依赖于先进的信息技术和设施，如智慧教室、在线教育平台等，高校需在这些方面进行必要的投资和升级，以支撑新的教学模式。

（二）推动教学变革的建议

1. 政策支持与资金投入

　　政府和教育主管部门的政策支持对教学变革至关重要。高校需要明确的政策指引和鼓励措施，推动教学改革的顺利进行。政府可以通过出台相关政策，提供专项资金，支持高校进行教学模式的创新和实践。这些资金可用于建设现代化的教学设施、购买先进的教学设备、开发创新的教学资源等。此外，政府还可以设立奖项或补助项目，激励教师和学生积极参与教学创新。

2. 教师培训与专业发展

教师是教学变革的关键执行者，因此教师培训和专业发展至关重要。高校应定期组织教师参加各类培训和研讨会，了解最新的教育理念和教学方法，增强其教学能力和创新意识。此外，还应鼓励教师进行教学研究和实践探索，分享成功经验，推动教学模式的不断改进。建立健全的教师评价和激励机制，对在教学创新中表现突出的教师给予表彰和奖励，激发更多教师参与到教学变革中来。

教学变革对提升教育质量、促进学生全面发展具有重要意义。其他地区高校在借鉴先进教学模式时，应遵循因地制宜的原则，充分考虑本地实际情况和教育资源条件。同时，需要政府和教育主管部门的政策支持和资金投入，以及教师的积极参与和不断学习。通过综合施策，各地区高校可以有效推动教学变革，实现教育水平的整体提升。

第三节　国际比较的启示与适用性分析

一、引言

在当今全球化和信息技术迅猛发展的时代，教育改革已成为世界各国教育体系中的重要议题。现代社会对人才的要求不断提升，教育不仅要传授知识，更要培养学生的创新能力、批判性思维和适应未来社会变化的能力。随着全球经济一体化进程的加快，国家间的竞争日益激烈，教育作为提升国家竞争力的重要手段，正经历着深刻的变革。全球范围内的教育改革呈现出多样化和创新性的特点，旨在提高教育质量、促进教育公平、增强学生的综合素质。

比较教育研究通过分析不同国家和地区的教育体系和改革实践，揭示其成功经验和面临的挑战，为其他国家和地区提供有益的借鉴。通过比较研究，可以更好地理解全球教育改革的趋势，探索适合本地实际情况的教育改革路径。特别是在当前全球教育变革的背景下，比较教育研究显得尤为重要。它不仅可以为教育政策制定者提供科学依据，还可以为教育实践者提供有效的指导，推动全球教育事业的发展。

探讨不同地区的教学变革，有助于揭示全球教育改革的多样性和创新性。这些变革实践既有共性，也有因地制宜的独特性。通过深入研究东亚、东南亚及其他地区的教学变革经验，可以总结出许多成功的教育创新模式和策略。这些经验不仅对区域内的教育改革具有重要指导意义，还可以为全球教育改革提供有益的启示。

教育改革并非一成不变，不同地区的文化背景、经济发展水平和教育资源各不相同。在借鉴其他地区教学变革经验时，必须考虑其适用性。分析这些教学变革在不同地区的适用性，可以帮助教育政策制定者和实践者更好地理解如何将这些经验应用于本地实际，避免盲目复制，从而提高教育改革的实际效果。通过科学的适用性分析，可以为其他地区的教育改革提供更具针对性和可操作性的建议，推动全球教育事业的共同进步。

在全球教育改革的大背景下，比较教育研究和跨地区的教学变革经验交流显得尤为重要。通过深入研究和借鉴不同地区的成功经验，可以为本地教育改革提供宝贵的参考和指导，从而推动全球教育事业的不断发展和提升。

二、北美与欧洲高校的教学模式创新启示

（一）北美高校的创新模式

1. 翻转课堂的启示

翻转课堂是一种颠覆传统教学模式的创新方法，广泛应用于北美高校。它将传统课堂的讲授内容转移到课前，通过录制视频和在线资料供学生自学，而课堂时间则用于讨论、实践和问题解决。这种模式显著提高了学生的主动学习能力和课堂参与度。

翻转课堂鼓励学生在课前自主学习，培养了他们的自学能力和自律性。课堂时间更多用于师生互动和讨论，有助于学生更好地理解和应用知识。教师可以在课堂上提供个性化的指导，帮助学生解决具体问题，从而提升学生的学习效果。

2. 问题导向学习的启示

问题导向学习是一种以学生为中心的教学方法，特别是在医学教育中得到了广泛应用。通过提出实际问题，学生需要合作解决，从而学习相关知识和技能。问题导向学习强调学生主动思考和解决问题，培养了他们的批判性思维能力。学生在解决问题的过程中需要团队合作，增强了他们的沟通和协作能力。通过解决真实问题，学生能够更好地将理论知识应用于实际，提高了实践能力。

（二）欧洲高校的创新模式

1. 工学结合的启示

工学结合模式在欧洲职业教育中广泛应用，它将课堂教学与实际工作经验相结合，使学生可以在企业中实习，将学到的知识应用于实践。通过在企业中的实习，学生积累了实际工作经验，显著提高了就业竞争力。学生能够将课堂上学到的理论知识应用于实际工作，巩固了学习效果。实习过程中，学生不仅掌握了专业技能，还培养了职业素养和职业道德。

2. 项目式教学的启示

项目式教学作为一种创新的教学方法，强调学生通过实际项目的完成来掌握知识和技能。这种教学方法在全球范围内被广泛应用，并取得了显著成效。项目式教学强调理论知识与实际应用的紧密结合。学生通过参与真实项目，能够将课堂上学到的理论知识应用到实际问题的解决过程中。这种学习方式不仅加深了学生对知识的理解，还培养了他们的实践能力和创新思维。例如，在工程类课程中的桥梁设计项目，要求学生运用力学原理进行设计和建造，从而更好地理解相关理论。项目式教学鼓励学生自主学习和主动探索。在项目实施过程中，学生需要自己查找资料、设计方案、解决问题，从而培养了他们的自主学习能力和探索精神。这种学习方式有助于提高学生的学习积极性和主动性，使他们在学习过程中更加投入。例如，在历史课程中的历史遗迹保护项目，学生需要通过自主研究，制定保护方案，从而激发他们对历史知识的兴趣。项目式教学通常需要学生以小组形式完成项目，从而培养他们的团队合作和沟通能力。通过小组合作，学生学会了如何与他人协作，如何进行有效沟通，如何解决团队中出现的矛盾和问题。这种能力对于他们未来的职业发展具有重要意义。例如，在商业课程中的创业项目，学生需要分组开展市场调研、制定商业计划，过程中锻炼了他们的团队合作能力。项目式教学还通过实际项目的完成，培养学生的问题解决和创新能力。学生在项目实施过程中，会遇到各种复杂问题，需要通过分析、讨论、试验等方式找到解决方案。这种过程不仅提高了他们的问题解决能力，还激发了他们的创新思维。例如，在计算机科学课程中的软件开发项目，学生需要自主设计、编码和测试软件，从而培养他们的创新能力。项目式教学为学生提供了宝贵的实践经验和职业技能的训练机会。通过参与实际项目，学生可以积累相关领域的工作经验，掌握实用的职业技能，为他们未来的就业和职业发展打下坚实基础。例如，在建筑课程中的建筑设计和施工项目，学生通过实际的设计和施工操作，掌握了建筑设计和施工的基本技能。

项目式教学还强调职业态度和责任感的培养。学生在项目实施过程中，必须对自己的任务和团队负责，按时完成工作，并对结果负责。这种责任感和职业态度的培养，对于他们未来的职业生涯具有重要意义。例如，在医学课程中的临床案例研究项目，学生需要对病人的情况进行全面分析，制定治疗方案，培养了他们的责任感和职业态度。

项目式教学通过促进理论与实践的结合、培养自主学习和主动探索精神，提升学生的团队合作、沟通、问题解决和创新能力，并为学生提供了宝贵的实践经验和职业技能训练机会，培养了他们的职业态度和责任感。这些启示不仅对项目式教学的推广具有重要意义，也为其他教学模式的创新提供了宝贵的参考。各地区的教育机构可以根据自身实际情况，借鉴项目式教学的成功经验，推动教育质量的提升和学生综合素质的发展。

三、东亚与东南亚的教学变革特色启示

（一）东亚高校的变革启示

1. 以学生为中心的教学改革

东亚高校在教学改革中，越来越注重以学生为中心的教学方法，强调学生的主动参与和自主学习。东亚高校广泛采用小组合作学习，让学生在团队中互动，共同解决问题。这种方式不仅提高了学生的沟通能力和团队合作精神，还促进了他们对知识的深度理解。东亚高校的翻转课堂模式强调课前自学和课堂互动，增强了学生的学习主动性和参与度。这种模式打破了传统的教学模式，使学生能够更好地掌握和应用知识。通过提供个性化学习资源和指导，东亚高校帮助学生根据自己的兴趣和能力进行学习，提升了整体学习效果。

2. 高科技在教育中的应用

东亚高校积极利用高科技手段提升教育质量，构建了现代化的教学环境。东亚高校建设了先进的智慧教室和数字校园，配备多媒体设备和高速互联网，提供了丰富的数字化学习资源，提升了教学的互动性和效果。东亚高校通过在线教育平台提供丰富的课程资源和灵活的学习方式，满足了不同学生的学习需求。这些平台不仅方便了学生的自主学习，还促进了教育资源的共享和交流。通过数据分析，东亚高校可以更好地了解学生的学习情况和需求，进行有针对性的教学调整和改进，提升教学效果。

（二）东南亚高校的变革启示

1. 技术驱动的教学创新

东南亚高校在教学创新中，积极应用新技术，以提高教学质量和效率。东南亚高校广泛采用远程教育和在线学习模式，尤其适用于偏远地区和在职学生。这种模式扩大了教育的覆盖面，提供了更多的学习机会。通过教学管理系统和电子学习资源，东南亚高校实现了教学过程的数字化管理，提供了丰富的学习资料和在线评估工具，提升了教学管理的效率和学习效果。利用移动设备进行学习，东南亚高校为学生提供了随时随地学习的便利，增加了学习的灵活性和自主性。

2. 以职业为导向的教育改革

东南亚高校注重职业导向的教育改革，结合实际需求，培养高素质职业人才。东南亚高校大力发展技术与职业教育，与企业合作设计课程，确保教育内容紧跟行业发展趋势，满足市场需求。这种模式提高了学生的实践能力和就业竞争力。通过校企合作和实习项目，东南亚高校让学生在实际工作环境中积累经验，增强了他们的职业素养和专业技能。例如，马来西亚和泰国的高校与企业紧密合作，为学生提供了丰富的实习机会，帮助他们更好地适应职场。东南亚高校还通过技能认证和培训项目，提升学生的专业资格和职业能力，为他们的职业发展提供了有力支持。这种模式确保学生在毕业时具备必要的技能和知识，能够迅速融入职场。

东亚和东南亚高校的教学变革在各自的文化和经济背景下展现出独特的特色。东亚高校强调以学生为中心的教学改革和高科技在教育中的应用，而东南亚高校则侧重于技术驱动的教学创新和以职业为导向的教育改革。这些成功的变革经验为全球教育提供了宝贵的启示，其他地区的高校可以根据自身情况，借鉴这些经验，推动教育质量和学生综合素质的全面提升。

四、国际比较的共性与差异分析

（一）教学改革的共同目标

1. 提升学生的自主学习能力

全球范围内的教育改革都在致力于提升学生的自主学习能力。这一目标旨在培养学生在面对复杂问题时能够独立思考、自主解决问题的能力。无论是北美的翻转课堂和混合学习模式，还是东亚的以学生为中心的教学改革，都强调学生在课前进行自主学习和准备，通过自主探索掌握知识。这种学习方式鼓励学生主动参与知识的构建过程，而不是被动接受信息，培养了他们的自我管理能力和终身学习意识。

2. 增强学生的创新和实践能力

现代教育改革的另一个共同目标是增强学生的创新和实践能力。在一个快速变化的世界中，创新能力和实践经验变得尤为重要。问题导向学习、工学结合和项目式学习等教学模式在北美、欧洲、东亚和东南亚高校中得到广泛应用，这些模式通过实际项目和问题情境，让学生在解决实际问题的过程中培养创新思维和实践技能。无论是通过实验室研究、实习项目，还是跨学科的创新竞赛，学生都能在实践中运用所学知识，提升他们的实际操作能力和创新能力。

(二) 不同文化背景下的差异

1. 教育政策与文化背景的影响

不同国家和地区的教育政策和文化背景对教学改革的具体实施方式有着重要影响。东亚国家如中国、日本和韩国，深受儒家文化影响，传统上注重严谨和系统的教育方式。教学改革虽然强调以学生为中心，但在实施过程中仍保持了较高的规范性和系统性。而在北美，教育更强调个性化和多样化，学生的自主性和创造力被高度重视，教学方法更加灵活和多样化。

此外，政府的政策导向和支持力度也有所不同。例如，欧洲许多国家通过立法和政策推动问题导向学习和工学结合，而东南亚国家则在政策支持下，大力发展技术与职业教育（TVET）和校企合作项目，以满足快速发展的经济需求。

2. 资源分配与经济条件的影响

经济条件和资源分配也是影响教育改革的重要因素。发达国家的高校通常拥有更充足的教育资源，包括先进的教学设施、丰富的学习资源和雄厚的科研经费，这为教学改革提供了坚实的物质基础。例如，北美和欧洲的高校在智慧教室、在线教育平台和实验室建设方面投入巨大，使得翻转课堂、混合学习和问题导向学习等模式得以顺利实施。

相比之下，一些发展中国家的高校在资源方面可能面临更多限制，需要在有限的条件下进行创新。例如，东南亚的一些高校虽然在基础设施和资金上不如发达国家，但通过有效利用信息技术和加强国际合作，仍然在远程教育和在线学习方面取得了显著成效。此外，这些国家注重校企合作，结合实际需求进行教学改革，提升了学生的实践能力和就业竞争力。

国际教育改革在目标上具有许多共性，特别是在提升学生自主学习能力和增强创新与实践能力方面。然而，由于各国文化背景、教育政策和经济条件的不同，具体的实施方式和效果也存在差异。理解这些共性与差异，对于全球教育改革的推动和优化具有重要意义。各地区的高校可以借鉴其他国家的成功经验，同时结合自身实际，制定和实施符合本地需求和条件的教育改革策略，从而提升整体教育质量和学生的综合素质。

五、教学模式创新的适用性分析

（一）因地制宜的创新策略

1. 适应本地文化和教育传统

在实施教学模式创新时，必须考虑本地的文化和教育传统。不同地区的文化背景和教育习惯各不相同，直接移植其他地区的创新模式可能不会取得预期效果。例如，在东亚国家，儒家文化强调尊师重道和集体主义，因此教学模式创新需要在尊重这种文化背景的基础上进行，可以通过引入小组合作学习和翻转课堂，逐步培养学生的自主学习和创新能力。而在北美，教育更注重个性化和自主性，因此翻转课堂和混合学习模式较为适用。

2. 考虑本地经济和社会发展水平

教学模式创新还需考虑本地的经济和社会发展水平。经济发达地区通常具备较好的教育资源和技术基础，能够支持较为先进的教学模式，如智慧教室和在线教育平台的普及。而在经济欠发达地区，可能需要采用更为实用和经济的创新策略，如加强基础教育设施建设和教师培训，提高教育资源的利用效率。例如，在东南亚一些经济条件较差的地区，通过远程教育和在线学习平台，可以有效扩大教育覆盖面，提升教育质量。

（二）教育资源与环境的考量

1. 教师培训和专业发展

教师是实施教学模式创新的关键因素。无论在哪个地区，教师的专业素养和教学能力直接影响教学创新的效果。因此，加强教师培训和专业发展是必不可少的措施。高校应定期组织教师参加各种培训和研讨会，了解最新的教育理念和教学方法，增强其创新意识和教学水平。例如，在实施翻转课堂和问题导向学习等创新模式前，首先需要对教师进行系统的培训，使他们能够熟练掌握和应用这些教学方法。此外，建立教师专业发展的激励机制，鼓励教师不断学习和进步，对于教学模式创新的成功实施也至关重要。

2. 技术基础设施的建设

现代教学模式的许多创新都依赖于先进的技术基础设施，如智慧教室、在线教育平台和数字化学习资源等。因此，建设和完善技术基础设施是实施教学创新的重要保障。在经济条件较好的地区，高校应加大对教育技术的投入，建设先进的教学设施，提供丰富的数字化学习资源，支持各种创新教学模式的实施。而在资源有限的地区，可以通过逐步改善基础设施，利用开放资源和远程教育技术，来提升教学水平。例如，利用现有的网络资源和开放教育平台，提供高质量的在线课程和学习资源，使学生能够享受到现代化的教育。

教学模式创新的适用性分析强调因地制宜的策略和对教育资源与环境的充分考量。在实施教学创新时，必须尊重本地的文化和教育传统，结合本地的经济和社会发展水平，制定切实可行的创新策略。同时，教师培训和专业发展以及技术基础设施建设是教学模式创新的关键保障。通过综合施策，各地区的高校可以有效推进教学模式的创新，提高教育质量和学生的综合素质，为全球教育改革提供有力支持。

六、推动教学模式创新的策略建议

（一）政策支持与资金投入

1. 政府政策的引导和支持

推动教学模式创新，首先需要政府的积极引导和政策支持。政府应制定和出台相关政策，鼓励高校开展教学创新，并为其提供必要的支持。例如，可以设立专项基金，支持高校进行教学模式的研究与实践，推广成功的教学创新案例。政府还可以通过颁布教育改革的指导意见和政策文件，明确教学创新的方向和目标，为高校提供政策依据和支持。

2. 教育经费的合理分配与使用

充足的教育经费是推动教学模式创新的重要保障。政府和教育主管部门应合理分配教育经费，确保资金的有效使用。具体来说，可以增加对教学研究、教师培训和技术基础设施建设的投入，确保教学创新所需的资源得到充分保障。此外，高校还应建立严格的经费使用监督机制，确保每一分钱都用在刀刃上，避免资源浪费。

（二）教师培训与专业发展

1. 提升教师的创新教学能力

教师是教学模式创新的关键执行者，提升教师的创新教学能力至关重要。高校应定期组织教师参加各类培训和研讨会，了解最新的教育理念和教学方法，增强其创新意识和教学水平。例如，可以邀请国内外教育专家来校讲座和培训，开展校内教学创新工作坊和教学比赛，激发教师的创新热情和动力。此外，还可以通过设立教学创新奖项和奖励机制，表彰在教学创新中表现突出的教师，鼓励更多教师积极参与教学模式的创新。

2. 鼓励教师参与国际交流与合作

国际交流与合作是提升教师专业发展的重要途径。高校应鼓励和支持教师参与国际学术交流，参加国际教育会议和培训项目，了解全球教育改革的最新动态和成功经验。通过国际交流，教师可以开阔眼界，吸取国际先进的教学理念和方法，提升自身的教学水平和创新能力。此外，高校还可以与国外知名大学建立合作关系，开展教师互访和联合科研项目，促进中外教育交流与合作，推动教学模式的不断创新和发展。

推动教学模式创新需要政府的政策引导和资金投入，也需要高校在教师培训和专业发展方面的持续努力。通过制定和实施有效的政策，合理分配和使用教育经费，提升教师的创新教学能力，鼓励教师参与国际交流与合作，可以为教学模式创新提供强有力的支持和保障。各地区高校可以借鉴这些策略，根据自身情况制定具体的实施方案，推动教学模式的创新，提升教育质量，培养具有创新能力和实践能力的高素质人才，为社会发展做出积极贡献。

第四章 国内高校教学模式的创新路径

第一节 国内主要高校的教学模式创新案例

一、引言

在当今全球化和信息化迅速发展的背景下，教育改革在我国社会发展中占据了极其重要的地位。高等教育作为培养国家未来科技、文化及经济领军人才的重要基地，其教学模式的创新不仅关系到教育质量的提升，也直接影响到国家的竞争力和未来发展。近年来，随着科技进步和教育理念的更新，传统的高校教学模式已经逐渐显示出不适应时代发展的局限性。因此，寻求教学模式的创新成为高等教育改革的核心。

高校教学模式创新的驱动力主要来自以下几个方面：首先，科技的进步，尤其是信息技术的发展，为教学方法和教育模式提供了新的可能性。例如，数字化教学工具和在线教育平台的出现，使得教育资源可以更广泛、更高效地被学生利用。其次，社会经济结构的变化要求高校教育能够培养出更多适应新型职业的复合型人才。此外，学生的需求和期望也在变化，他们更倾向于参与式、互动式的学习方式，而非传统的被动接受知识的教学模式。

对我国高校教学模式创新进行深入研究，具有重要的理论与实践意义。首先，通过探讨和分析成功的教学模式创新案例，可以为教育改革提供经验和示范，帮助更多的高校理解和把握教学模式创新的方向和方法。这些案例不仅展示了创新教学模式的具体实施步骤，也反映了在实施过程中可能遇到的挑战及其应对策略，为其他高校提供了可借鉴的经验。

此外，研究高校教学模式的创新还可以促进教育公平。创新教学模式通常伴随着教育资源的优化配置和教育机会的均等化，这对于缩小不同地区、不同背景学生之间的教育差距具有积极影响。例如，远程教育和开放式课程的普及使得偏远地区的学生也能够接触到优质教育资源。

综上所述，对我国高校教学模式创新的研究不仅能够推动教育质量的提升，还有助于实现教育资源的公平分配，为我国高等教育的长远发展提供支持。

二、清华大学：翻转课堂

（一）翻转课堂的实施步骤

清华大学作为我国高等教育的领军者之一，一直在教学模式创新上处于前沿。最近，清华大学采用了一种新型教学方式——翻转课堂，并在实施过程中取得了显著成效。翻转课堂的实施步骤主要包括以下几个方面。

（1）教学视频的制作与分发：教学视频是翻转课堂的基础环节。教师需要事先录制包含课程核心内容的教学视频。这些视频通常较短，以便学生能够在较短的时间内消化吸收主要内容。视频制作完成后，通过校园网或专门的教学平台分发给学生。学生可以根据自己的学习节奏，在课前自由安排时间观看和学习这些视频。这样的安排不仅提高了学生的自主学习能力，还为课堂上更深入的互动和讨论打下了基础。

（2）课前自学与课后讨论的安排：在观看教学视频后，学生需要完成相关的预习任务。这些任务旨在帮助学生理解视频中的核心内容，并准备好在课堂上进行更深入的讨论。通过课前自学，学生在进入课堂之前已经具备了一定的理论基础。课堂时间则被重新定义为讨论和互动的时间，教师通过引导讨论、回答问题和进行深入分析，帮助学生更好地理解和应用所学知识。这种教学模式不仅增强了课堂的互动性，还能够更有效地促进学生的深度学习。

（3）课内互动与合作学习：在翻转课堂中，课堂时间被充分利用来促进师生互动和学生之间的合作学习。教师在课堂上采用多种教学方法，如小组讨论、案例分析和实践活动等，鼓励学生积极参与、提出问题并展开讨论。这不仅有助于学生加深对知识的理解，还能够培养他们的批判性思维和团队合作能力。

（4）个性化辅导与反馈：翻转课堂还强调个性化的辅导和反馈机制。教师在课堂上可以更好地关注每个学生的学习进度和理解情况，提供有针对性的辅导和帮助。课后，通过在线平台和学习管理系统，教师可以及时跟踪学生的学习进展，提供反馈和建议，帮助学生不断改进和提升学习效果。

（5）技术支持与资源利用：清华大学在翻转课堂的实施中，充分利用了先进的教育技术和丰富的教学资源。学校提供了高质量的录制设备和专业的技术支持，确保教学视频的制作质量。同时，教学平台和学习管理系统的完善也为翻转课堂的顺利实施提供了有力保障。

通过这些措施，清华大学的翻转课堂不仅提高了教学质量和学生的学习效果，还推动了教育教学模式的创新和变革。这种以学生为中心、强调自主学习和互动教学的新型教学方式，为其他高校提供了宝贵的经验和借鉴。

（二）课堂讨论与实践活动

翻转课堂的核心在于优化课堂时间的使用，使之更加注重学生的主动参与和对知识的实际应用。清华大学在翻转课堂的实施过程中，进一步细化了这一理念，具体体现在以下几个方面。

（1）小组讨论与互动环节：在课堂上，教师精心组织学生进行小组讨论。每个小组围绕预习内容或特定问题展开探讨。这种讨论不仅促进了学生之间的交流，还为他们提供了一个相互学习和观点碰撞的平台。在小组讨论中，学生们可以分享各自的理解和看法，提出疑问，并通过辩论和交流加深对知识的理解。此外，教师在讨论过程中扮演引导者的角色，通过提问、启发和点拨，引导学生进行深入思考和批判性分析，从而有效培养他们的批判性思维能力和合作精神。

（2）实践项目与案例分析：清华大学不仅重视理论学习，更强调知识的实际应用。为了将理论与实践紧密结合，学校在翻转课堂中引入了实践项目和案例分析。学生需要参与到与课程内容相关的实践项目中，这些项目通常涉及实际问题的解决和应用技能的培养。例如，工程类课程可能会安排学生进行实际的设计和实验项目，而商科课程则可能要求学生分析真实的商业案例。通过这些实践活动，学生不仅能够将课堂上学到的理论知识应用于实际情境中，还培养了解决问题的能力和创新思维。此外，案例分析作为一种重要的教学方法，也被广泛应用于翻转课堂中。学生通过分析真实案例，了解理论在实际中的应用和挑战，从而深化对知识的理解和掌握。

（3）反馈与持续改进：在翻转课堂的教学过程中，反馈机制起着至关重要的作用。教师通过课堂讨论、项目评审和案例分析，及时了解学生的学习情况和理解水平，并根据反馈调整教学内容和方法。学生也通过教师的反馈，认识到自己的不足和改进方向，从而不断提升学习效果。清华大学通过建立完善的反馈系统，确保教学活动的高效运行和持续改进，推动翻转课堂教学模式的不断优化。

（4）资源与技术支持：为了保证翻转课堂的顺利实施，清华大学提供了强大的资源和技术支持。学校配备了高质量的录制设备，确保教学视频的制作质量。同时，教学平台和学习管理系统的完善，为教学视频的分发、学生的自主学习和教师的课堂管理提供了有力保障。通过充分利用这些资源和技术，清华大学的翻转课堂模式得以高效运作，取得了显著的教学效果。

通过以上措施，清华大学的翻转课堂不仅优化了课堂时间的使用，提高了学生的主动参与度和学习效果，还实现了理论与实践的有机结合，培养了学生的实际应用能力和创新思维。这种以学生为中心、注重实际应用的新型教学模式，为其他高校提供了宝贵的经验和借鉴，推动了教育教学模式的创新和变革。

（三）教学效果与学生反馈

翻转课堂在清华大学的实施效果受到了广泛的关注，主要体现在以下两个方面。

（1）学生学习主动性的提升：翻转课堂模式鼓励学生在课前进行自主学习，极大地提升了学生的学习主动性。在传统教学模式中，学生往往处于被动接受知识的状态，而翻转课堂通过提前布置学习任务，使学生在课前便需要主动获取和理解知识。这一过程不仅锻炼了学生的自学能力，还激发了他们的学习兴趣和内在动力。学生们在观看教学视频、阅读资料和完成预习任务时，会主动思考和提出问题，为课堂上的深入讨论做好准备。这种学习模式的转变，使学生从知识的被动接受者转变为学习过程的主动参与者，显著提升了他们的学习自主性和积极性。

（2）课堂参与度与学习效果分析：翻转课堂的实施显著提高了课堂的互动性和学生的参与度。根据学生和教师的反馈，这种教学模式使课堂更加生动和富有活力。学生在课堂上不再是被动听讲，而是积极参与到小组讨论、案例分析和实践活动中。教师通过引导和启发，使学生在讨论中不断深化对知识的理解。实践项目和案例分析则使学生能够将理论知识应用于实际问题的解决中，增强了学习的针对性和有效性。在学习效果方面，通过翻转课堂，学生在理解和掌握知识方面取得了显著的进步。教师反馈指出，学生在课堂上的提问和讨论质量明显提高，表现出更深层次的理解和批判性思维。此外，学生的考试成绩和项目完成情况也显示出学习效果的显著提升。翻转课堂不仅提高了学生的学术成绩，还培养了他们的自主学习能力和实践能力，促进了全面素质的提升。

总体来看，翻转课堂在清华大学的成功实施，为高等教育教学模式的创新提供了宝贵的经验。通过这一模式，学生的学习主动性和课堂参与度得到了显著提升，学习效果也明显改善。这种以学生为中心、强调自主学习和实践应用的教学模式，展示了未来教育发展的新方向。翻转课堂的成功经验不仅对其他高校具有重要的借鉴意义，也为进一步推动教育改革和提升教育质量提供了有力支持。

三、北京大学：混合学习模式

（一）混合学习的设计与实施

北京大学采取的混合学习模式是现代教育技术与传统教学方法的有效结合。这种模式主要包括以下几个方面。

（1）线上与线下课程的结合：混合学习模式通过将线上学习和传统的面对面教学相结合，最大化学习的灵活性和效率。在线课程提供了丰富的理论知识，学生可以按照自己的节奏进行学习，随时回看视频和参考资料。而线下课程则侧重于互动性强的讨论、实验和实践活动，教师通过面对面的指导和反馈，帮助学生深化对知识的理解和应用。例如，在一门工程学课程中，学生可以先在线上学习理论基础，然后在课堂上参与实验和项目讨论，结合实际操作加深理解。这种线上与线下的有机结合，使学生不仅能够掌握理论知识，还能通过实践活动提升实际操作能力和解决问题的能力。

（2）在线学习平台的使用：北京大学利用先进的在线学习平台，如 MOOCs（大规模开放在线课程），为学生提供可随时访问的学习资源。这些平台不仅支持高质量的视频课程，还提供互动讨论区和自评工具，增强了学生的学习互动性和自适应性。在在线平台上，学生可以观看教学视频、参与在线讨论、提交作业并获得反馈。同时，平台上的自评工具帮助学生在学习过程中进行自我评估，发现自身的不足并及时改进。教师也可以通过平台实时监控学生的学习进度和表现，提供个性化的指导和支持。例如，在一门经济学课程中，学生可以通过 MOOCs 平台进行理论学习，并在平台上的讨论区与同学和教师互动交流，形成一个积极的学习社区。这种在线学习平台的使用，不仅拓宽了学习资源的获取途径，还提高了学习的便捷性和自主性。

北京大学的混合学习模式，通过线上与线下课程的结合和在线学习平台的使用，成功实现了现代教育技术与传统教学方法的有机融合。学生在这种模式下，不仅能够灵活高效地获取知识，还能通过丰富的互动和实践活动，提升综合能力和学习效果。这一创新的教学模式，不仅为学生提供了更好的学习体验，也为高等教育的发展提供了宝贵的经验和参考。

（二）学生自主学习的促进

1. 在线资源与课程材料的提供

学校通过在线平台提供丰富的学习资源，包括电子书籍、讲座视频、案例研究和模拟测试等。这些资源的多样性和可访问性使学生能够根据自己的学习进度和兴趣选择适合的材料，从而促进个性化学习。比如，学生在学习一门复杂的生物学课程时，可以利用平台上的视频讲座深入理解理论知识，通过电子书籍进行详细阅读，并通过模拟测试检验自己的掌握情况。案例研究则帮助学生将理论应用于实际情境，增强理解和记忆。这些在线资源的提供，不仅丰富了学生的学习途径，还使他们能够自主安排学习内容和进度，提升学习效果。

2. 自主学习计划的制定与执行

教师在混合学习模式中扮演引导者的角色，帮助学生制定具体的学习计划。首先，教师与学生共同设定明确的学习目标，确保学生有清晰的方向和动力。接着，教师指导学生选择合适的学习材料，根据课程内容和个人兴趣制定详细的学习内容安排。同时，教师还帮助学生规划合理的学习时间，平衡各科目和活动的时间分配。在执行学习计划的过程中，学生定期进行自评，记录学习进展和遇到的问题。通过在线平台上的反馈机制，教师可以实时了解学生的学习情况，并提供有针对性的建议和支持。学生根据自评和教师反馈，及时调整学习策略和方法，逐步提高学习效率。例如，在学习一门编程课程时，学生可以通过制定每日或每周的学习目标，逐步掌握编程语言的基础和高级应用，并通过完成在线编程任务和项目来实践所学知识。

通过提供丰富的在线资源和引导学生制定并执行自主学习计划，混合学习模式有效促进了学生的自主学习。学生不仅能够根据个人需求和兴趣灵活选择学习内容，还能在自我评估和教师反馈的帮助下，不断优化学习策略和方法，提高学习效果。这种自主学习的培养，不仅增强了学生的学习能力和自律性，也为他们的终身学习奠定了坚实基础。

（三）学习效果评估

为确保教学质量，北京大学对混合学习模式的效果进行了严格的评估，具体措施包括以下几个方面。

（1）学生成绩与学习成果：北京大学通过比较混合学习和传统学习模式下的学生

成绩，分析混合学习的有效性。研究结果显示，采用混合学习模式的学生在理解复杂概念和应用知识方面表现更佳。例如，在一门高级数学课程中，混合学习模式的学生不仅在期末考试中取得了更高的平均分数，还在解决复杂问题和应用数学理论进行实际分析时表现出更强的能力。这种显著的成绩提升表明，混合学习模式在促进深度理解和应用能力方面具有明显优势。

（2）学生满意度与反馈分析：北京大学定期收集学生的满意度调查和反馈意见，用以评估学习体验和教学内容的相关性。学生的反馈包括对课程内容的理解程度、学习资源的利用情况、教师的教学方法以及整体学习体验等方面。通过对这些反馈的分析，学校可以及时发现课程结构和教学方法中的不足，并进行相应的调整。例如，如果学生反馈某些在线资源不够详尽或互动性不足，学校可以增加更多详细的视频讲解和互动练习。同时，学生的积极反馈也能鼓励教师继续采用和改进混合学习模式。

通过对学生成绩和满意度的严格评估，北京大学能够不断优化混合学习模式，确保其有效性和高质量。混合学习模式不仅提升了教育的可达性和灵活性，满足了不同学生的学习需求，还显著促进了学生的自主学习能力和综合素质的提升。学生在这种模式下，不仅学到了更多知识，还培养了自主学习能力、批判性思维和实践能力。这种成功的教学模式为其他高等教育机构提供了值得借鉴的有效策略，有助于推动教育改革和创新，提高教学质量和学生满意度。

四、浙江大学：创新创业教育

（一）创新实验室与创业孵化器

浙江大学在推动创新创业教育方面采取了积极措施，特别是通过建设创新实验室和创业孵化器，为学生提供了实践和实验的平台。这些设施不仅促进了学生的创新能力和实践技能，还为创业梦想提供了坚实的支持。

（1）创新实验室的建设与使用：浙江大学的创新实验室配备了先进的技术和设备，支持学生在科技、工程、艺术等多个领域进行创新实践。这些实验室不仅提供了丰富的资源，还营造了一个鼓励创新和探索的环境。例如，工科学生可以在实验室中使用3D打印机、激光切割机和机器人套件进行产品原型设计和测试。艺术专业的学生则可以利用数字化设计工具和多媒体设备创作创新作品。创新实验室不仅是学习和研究的场所，也是学生团队合作和创意思维的孵化地。通过参与各种项目和实验，学生们可以将课堂上学到的理论知识应用于实际问题的解决，提升他们的动手能力和创新思维。

（2）创业孵化器的项目与支持：浙江大学的创业孵化器为希望创立自己公司的学生提供全面支持。首先，孵化器提供资金支持，帮助学生启动和发展他们的创业项目。学校设立了专项基金，学生可以申请创业资金用于产品开发、市场推广和业务运营等方面。其次，孵化器为学生提供导师指导和业务管理培训。经验丰富的创业导师会定期与学生交流，提供关于商业模式、市场策略和团队管理等方面的专业建议。此外，孵化器还通过与产业界的合作，为学生的创业项目提供市场接入和网络资源，增加了创业成功的可能性。例如，某些成功的创业项目可以通过孵化器的推荐，直接与相关企业和投资机构对接，获得更多的市场机会和资源支持。

通过创新实验室和创业孵化器的建设，浙江大学不仅为学生提供了一个探索和实现创新的实践平台，还为他们的创业梦想提供了全面的支持。这些举措不仅培养了学生的创新能力和实践技能，还增强了他们的商业意识和创业能力。浙江大学的成功经验为其他高校提供了宝贵的借鉴，推动了创新创业教育的发展和进步。

（二）创新竞赛与项目式学习

浙江大学鼓励学生参与创新竞赛和项目式学习，以增强学生的实践能力和团队协作精神。这些活动不仅丰富了学生的学习体验，还为他们提供了实际应用知识和技能的机会。

（1）创新竞赛的组织与参与：浙江大学定期举办或参与各类国内外创新竞赛，如编程马拉松、设计竞赛和创业挑战赛。这些竞赛为学生提供了展示自己创意和技术能力的平台，同时也是检验和提升学习成果的有效途径。学校通过组织校内选拔赛、提供竞赛培训和指导等方式，鼓励学生积极参与。例如，在编程马拉松中，学生团队需要在有限的时间内开发出具有创新性和实用性的程序或应用，这不仅考验了他们的编程技能，还锻炼了他们在高压环境下解决问题的能力。同样，设计竞赛和创业挑战赛也为学生提供了展示和验证自己创意的机会，通过与来自不同背景的学生交流和竞争，学生们能够开阔视野，提升自己的综合能力。

（2）项目式学习的实施与成果：项目式学习是浙江大学教学方法的重要组成部分，要求学生围绕一个主题进行深入研究，然后实际动手解决相关问题。通过这种方式，学生能够将理论知识应用于实际问题中，同时培养项目管理和决策制定的能力。例如，在工程类课程中，学生可能会参与到一个实际的建筑项目中，从设计、规划到施工管理，全面了解和体验整个工程过程。在商业课程中，学生可能会开展市场调研、制定商业计划并实施营销策略，通过实际的商业运作来理解和掌握市场经济原理。这种项目式学习不仅能够使学生更好地理解和应用课堂上学到的知识，还培养了他们的团队合作精神和解决实际问题的能力。

通过组织创新竞赛和实施项目式学习，浙江大学为学生提供了丰富的实践机会，帮助他们在实际操作中提升技能和积累经验。这些活动不仅增强了学生的实践能力和团队协作精神，还培养了他们的创新思维和综合素质，为未来的职业发展奠定了坚实的基础。浙江大学的这一做法，为其他高校在创新教育和实践教学方面提供了有价值的参考和借鉴。

（三）创新与创业教育的影响

创新创业教育在浙江大学已取得显著成效，具体表现在以下几个方面。

（1）学生创新能力的提升：通过参与创新实验室的项目和创业孵化器的活动，学生的创新思维和解决问题的能力得到了极大的提升。这些实践经验使学生能够将课堂上学到的理论知识应用于实际问题的解决，提高了他们的动手能力和创新能力。例如，在创新实验室中，学生们可以利用先进的技术设备进行实验和项目开发，锻炼他们的技术技能和创造力。在创业孵化器的支持下，学生们不仅可以获得资金和资源，还能接受专业的导师指导和业务培训，从而在创业过程中少走弯路。这些经验不仅增强了学生的职业竞争力，也为他们将来的职业生涯打下了坚实的基础。许多毕业生凭借在校期间积累的创新项目经验和创业实践，在求职市场上脱颖而出，获得了理想的工作机会。

（2）创业成功案例与经验分享：浙江大学的许多学生在校期间启动的创业项目成长为成功的企业。例如，一些学生创办的科技公司在人工智能、环保技术和生物医药等领域取得了显著成就。为了激励更多学生投身创新创业活动，学校定期组织这些成功创业者回校分享经验。通过举办讲座、座谈会和创业论坛，成功创业者与在校学生交流创业心得，分享创业过程中遇到的挑战和解决方法。这不仅为学生提供了宝贵的实践经验和创业指导，还激发了他们的创新热情和创业梦想。此外，学校还设立了创业奖学金和创新创业基金，奖励和支持在创新创业方面表现突出的学生，进一步推动了校园内的创新创业氛围。

通过这些教育模式和活动，浙江大学不仅促进了学生创新创业能力的提升，也为国家的经济发展和科技进步做出了贡献。学生们在校期间通过参与创新实验和创业实践，培养了综合素质和创业精神，成为推动社会进步的重要力量。这一模式为其他高校提供了宝贵的参考和启示，展示了如何通过创新创业教育实现人才培养与经济发展的双赢局面。浙江大学的成功经验证明，创新创业教育不仅是提升教育质量的重要途径，也是推动社会经济发展的有力手段。

五、复旦大学：跨学科融合教育

（一）跨学科课程设置

复旦大学在推动跨学科融合教育方面采取了创新的策略，通过跨学科课程设置和教学团队的组建，为学生提供了全新的学习体验。

（1）多学科交叉课程的设计：复旦大学设计了一系列跨学科课程，这些课程通常涉及两个或多个学科领域，如生物技术与商业管理、计算机科学与心理学等。比如，生物技术与商业管理课程不仅教授学生先进的生物技术，还涉及如何将这些技术商业化，包括市场分析、商业计划书撰写和项目管理等。计算机科学与心理学课程则探讨人机交互、用户体验设计和认知科学等领域，帮助学生理解如何将计算技术应用于心理学研究和实践。这种课程设计旨在打破传统学科界限，通过综合不同领域的知识和方法，培养学生的全面视角和创新能力。学生在这些课程中，不仅能够掌握跨学科的理论知识，还能通过实践项目将这些知识应用于实际问题的解决，增强综合素质和跨学科协作能力。

（2）跨学科教学团队的组建：为有效实施这些交叉课程，学校精心组建了由不同学科背景的教师组成的教学团队。这些团队成员通常在各自的领域内具有深厚的专业知识，能够为学生提供多角度的知识和见解。例如，在生物技术与商业管理课程中，教学团队可能包括生物技术专家、商业管理教授和企业家，他们各自从技术、管理和市场等不同角度为学生提供教学和指导。在计算机科学与心理学课程中，团队可能由计算机科学家、心理学家和用户体验设计师组成，他们从技术实现、心理研究和用户体验设计等方面为学生提供全面的教学支持。通过这种跨学科教学团队的合作，学生能够接触到不同领域的最新研究和实践，激发创新思维，培养解决复杂问题的能力。

复旦大学的跨学科课程设置和跨学科教学团队的组建，不仅为学生提供了丰富的学习资源和多元化的视角，还增强了他们的跨学科思维能力和创新能力。这种教育模式打破了传统学科的界限，通过综合不同学科的优势，为学生创造了更加全面和深入的学习体验。复旦大学的这一做法，为其他高校在推动跨学科融合教育方面提供了宝贵的借鉴和启示，有助于培养具有全面素质和创新能力的高素质人才。

（二）学科融合的具体案例

1. 跨学科研究项目实例

复旦大学支持并鼓励学生参与跨学科研究项目，如环境科学与社会学的结合研究，探索如何通过社会科学的视角更有效地解决环境问题。例如，在一个环境科学与社会学的跨学科研究项目中，学生们不仅学习环境科学的基本原理，还通过社会学的方法进行社区调查，了解公众对环境问题的认知和态度。他们利用这些数据制定更符合实际情况的环保政策建议，从而提升政策的有效性和可行性。这些项目不仅为学生提供了实践经验，也促进了理论与实际的紧密结合，使学生能够在解决复杂的现实问题中应用和检验所学知识。

2. 学生跨学科项目展示

每年，复旦大学都会举办跨学科项目展览会，展示学生在各类跨学科项目中的成果。这些展示包括各种形式的项目，如研究报告、设计作品、科技发明和商业计划等。展览会不仅是对学生工作的认可，也是激励其他学生探索新领域的重要平台。例如，一些优秀的跨学科项目如"智慧城市建设中的数据分析与政策制定"或"医疗科技与伦理的结合研究"等，不仅展示了学生在技术和理论上的创新，还引发了学术界和产业界的广泛关注。通过这些展示，学生们相互学习和借鉴，激发新的创意和研究方向，同时也为他们提供了与企业、研究机构和政府部门交流合作的机会。

复旦大学通过这些学科融合的具体案例，不仅展示了跨学科教育的实际成效和应用，还为学生提供了广阔的实践平台，培养了他们解决复杂问题的能力和创新思维。这些成功的案例证明，跨学科教育不仅能够提高学生的综合素质和职业竞争力，也为社会和行业的发展提供了创新动力。复旦大学的经验为其他高校推进跨学科教育提供了宝贵的参考和启示。

（三）学生综合能力的提升

跨学科融合教育在复旦大学的实施显著提升了学生的综合能力，尤其是在以下两个方面。

（1）综合性思维与解决问题能力的培养：通过参与跨学科课程和项目，学生学会了如何将不同学科的方法和知识应用于复杂问题的解决。这种能力的培养对于未来的学术研究或职业发展均具有重要价值。例如，在一个涉及生物技术和商业管理的项目中，学生不仅需要理解生物技术的科学原理，还需要考虑如何将这些技术转化为市场产品，进行商业计划书的撰写和市场分析。通过这样的实践，学生们能够将科学技术与商业策略结合，培养出综合性思维能力。在应对复杂问题时，学生能够运用多学科的视角和方法，制定出更为全面和有效的解决方案。这种跨学科的解决问题能力，尤其在应对现代社会的复杂挑战时显得尤为重要，提升了学生在多变环境中的适应力和创新力。

（2）跨学科合作与交流经验：学生在跨学科项目中必须与来自不同背景的同学合作，这种经验极大地提高了他们的团队协作能力和沟通技巧。在跨学科项目中，学生们会遇到不同学科背景的团队成员，例如，在一个结合计算机科学和心理学的项目中，团队可能由程序员、心理学研究者和用户体验设计师组成。学生们必须学会如何与不同专业背景的人有效沟通，分享各自的知识和见解，共同解决团队面临的问题。这种合作经历不仅培养了学生的沟通技巧和团队协作能力，也增强了他们对不同学科和文化的理解和尊重。在将来的职业生涯中，这些技能和经验将使他们能够更好地适应多元化的工作环境，与来自不同领域的同事和合作伙伴进行高效的合作。

通过跨学科融合教育，复旦大学的学生在综合性思维与解决问题能力，以及跨学科合作与交流方面得到了显著提升。这不仅使他们在学术研究和职业发展中具有更强的竞争力，也为他们的个人成长和社会贡献提供了坚实的基础。复旦大学的跨学科教育模式为其他高校提供了宝贵的经验和参考，展示了如何通过教育创新提升学生的综合素质和实际能力。

第二节　创新模式的教学效果与学生反馈

一、引言

高校教学模式的创新不仅是应对这些挑战的必然选择，也是提高教学质量和效率的关键方式。随着学生需求的多样化和知识更新速度的加快，传统的教学模式已逐渐不能满足现代高等教育的需求。因此，探索和实施创新的教学模式成为高等教育改革的重要组成部分。

教学效果和学生反馈在教学模式创新中扮演着至关重要的角色。一个有效的教学模式应当能够显著提升学生的学习成效，包括知识掌握、技能提高以及综合素质的培养。同时，学生的反馈为对教学方法和内容的改进提供了直接指导，帮助教育者了解和评估教学活动的实际影响。

本书旨在评价高校创新教学模式的实际效果，通过系统的分析和评估，确定哪些创新实践最有效，并探索其成功的因素。通过对多种教学模式的实证研究，本书期望能够揭示不同教学策略在实际应用中的表现和成效，为未来的教学模式创新提供科学的依据和建议。

此外，本书还将为进一步的教学改革提供数据支持。在当前教育改革的大背景下，准确的数据和深入的分析是推动教育政策和实践改进的基础。通过本书，教育决策者和高校管理者可以更好地理解教学模式创新的效果，优化资源配置，制定更为有效的教育策略，从而在全球教育竞争中保持领先地位。

二、教学效果评估

在评估高校创新教学模式的实际效果时，考量的维度包括学习主动性与参与度、学习成绩与知识掌握、批判性思维与创新能力，以及实践能力与职业素养。

（一）学习主动性与参与度

1. 学生在创新教学模式下的自主学习情况

创新教学模式，如翻转课堂和混合学习，通常要求学生在课外时间完成大量的自学任务。这种模式的成功在很大程度上依赖于学生的自主学习能力。为了评估学生在这些模式下的学习主动性和效果，可以通过以下几个方面进行追踪和分析。

（1）预习完成情况：在翻转课堂模式中，学生需要在课堂之前观看教学视频、阅读教材并完成预习作业。通过监测学生的预习完成率，可以了解他们在课前的准备情况。例如，教师可以利用在线学习平台上的数据，查看每个学生观看视频的时间、完成预习作业的次数和正确率，从而评估他们的自主学习情况。

（2）在线学习平台的活跃度：混合学习模式结合了线上和线下教学，学生在课外时间需要通过在线平台进行学习。通过追踪在线学习平台的使用情况，如登录频率、课程访问次数、讨论区的参与度等，可以评估学生的在线学习活跃度和参与度。例如，学生在在线讨论区中提出的问题和参与的讨论次数，可以反映他们在学习过程中遇到的困难和解决问题的主动性。

2. 课堂互动与参与的频率和质量

创新教学模式鼓励更多的课堂互动，如小组讨论、实时反馈和互动式问题解决。

通过观察和分析学生在这些互动中的活跃程度和互动的深度，可以评估课堂参与度的提升。具体可以从以下几个方面进行评估。

（1）互动频率：教师可以通过课堂观察和记录学生参与讨论和提问的次数，了解学生在课堂上的互动频率。例如，在小组讨论环节中，学生发言的次数和提出问题的数量，可以作为评估他们参与度的重要指标。

（2）互动质量：除了互动频率，互动的质量同样重要。教师可以评估学生在讨论中提出问题的深度和复杂性，以及他们解决问题的能力和合作精神。例如，学生在讨论中提出的高质量问题和解决方案，可以反映他们对知识的理解和应用能力。

（3）实时反馈：利用课堂投票、在线测验和即时反馈工具，教师可以及时了解学生对课堂内容的掌握情况和困惑点。通过分析这些反馈数据，可以评估学生在课堂上的参与度和理解水平。例如，学生在即时测验中的得分和错误分析，可以帮助教师了解他们在学习过程中遇到的具体问题，从而调整教学策略。

通过以上方法，学校和教师可以全面评估学生在创新教学模式下的自主学习情况和课堂参与度。这些评估不仅有助于了解学生的学习状态，也能为改进教学方法提供重要依据，最终提升教学效果和学生的学习体验。

（二）学习成绩与知识掌握

1. 学生成绩的变化和提升情况

通过对比实施创新教学模式前后的学生成绩，可以直观地看到教学改革的成效。具体措施包括以下几个方面。

（1）成绩对比分析：收集和分析学生在核心课程和难度较大的科目上的成绩，比较实施创新教学模式前后的成绩变化。例如，计算学生在同一课程中的平均分数变化，分析优秀率和不及格率的变化趋势。

（2）分组分析：将学生按不同的成绩层次（如高、中、低）分组，分析各层次学生在创新教学模式下的成绩变化，重点关注中等和较低成绩学生的提升情况。

（3）长期跟踪：进行纵向研究，跟踪学生在整个学期或学年的成绩变化，观察创新教学模式对学生学业表现的长期影响。

2. 知识掌握的深度和广度

除了传统的考试和成绩分析，还可以通过学生的项目作业、研究报告和口头呈现等方式评估学生对知识的深入理解和综合应用能力。具体措施包括以下几个方面。

（1）项目作业评估：通过评估学生在创新教学模式下完成的项目作业，了解他们对知识的综合应用能力。例如，分析学生在项目中展示的创新思维、问题解决能力和跨学科整合能力。

（2）研究报告分析：要求学生撰写研究报告，评估他们在自主研究和深度理解方面的表现。重点关注学生在报告中展示的理论知识、研究方法和数据分析能力。

（3）口头呈现评估：组织学生进行口头报告和展示，通过评估他们的表达能力、逻辑思维和知识应用能力，了解他们对所学知识的掌握深度和广度。例如，在科学课程中，学生可以通过口头报告展示实验结果和研究发现，在人文学科课程中，学生可以通过口头呈现讨论理论和案例分析。

（4）综合测评：设计综合性测评工具，结合考试成绩、项目作业、研究报告和口头呈现等多方面的数据，全面评估学生的知识掌握情况和综合素质。

通过以上方法，学校和教师可以全面评估创新教学模式对学生成绩和知识掌握情况的影响。这些评估不仅能够直观展示教学改革的成效，还能为进一步改进教学方法提供重要依据，最终提升教学质量和学生的学习效果。

（三）批判性思维与创新能力

1. 学生批判性思维的培养效果

创新教学模式应能有效培养学生的批判性思维能力，这通常通过学生在讨论、论文写作和案例分析中展现的批判和分析能力来评估。具体措施包括以下几个方面。

（1）课堂讨论与辩论：评估学生在课堂讨论和辩论中的表现，观察他们是否能够提出有深度的观点，质疑和分析他人的论点，并基于逻辑和证据进行辩论。教师可以通过记录和分析讨论中的关键发言和辩论过程，了解学生的批判性思维水平。

（2）论文写作：分析学生在论文写作中展现的批判性思维。重点关注他们在论文中是否能够提出明确的论点，进行深入的文献回顾，批判性地分析和讨论相关研究，并得出有逻辑的结论。教师可以使用评估量表，从论点的明确性、论据的充分性、分析的深度和逻辑的严谨性等方面，对学生的论文进行评估。

（3）案例分析：通过案例分析作业评估学生的批判性思维能力。学生需要在案例分析中展示他们对复杂问题的理解，识别关键问题，批判性地评估不同的解决方案，并提出合理的建议。教师可以通过评分标准，从问题识别、分析深度、批判性评价和建议的合理性等方面，对学生的案例分析进行评估。

2. 创新能力的实际表现和应用

观察学生在新问题解决、创意竞赛和创新项目中的表现，以及他们在解决实际问题时是否能提出独到的见解和创新的解决方案。具体措施包括以下几个方面。

（1）新问题解决：通过实际问题解决任务评估学生的创新能力。例如，在工程类课程中，学生可以通过设计和实施创新性工程项目，展示他们在新问题解决中的创新能力。教师可以从创意的独特性、解决方案的可行性和实施效果等方面，对学生的表现进行评估。

（2）创意竞赛：鼓励学生参加各类创意竞赛，观察他们在竞赛中的表现。创意竞赛如编程马拉松、设计竞赛和创业挑战赛，能够提供展示创新能力的平台。教师可以通过评估学生在竞赛中的成绩、创意的独特性和实际应用的效果，了解他们的创新能力。

（3）创新项目：通过学生参与的创新项目评估他们的创新能力。例如，学生在创新实验室中的项目开发过程，可以展示他们在技术创新、项目管理和实际应用方面的能力。教师可以通过评估项目的创新性、技术实现和应用效果，了解学生的创新能力水平。

（4）实际问题解决：观察学生在实际问题解决中的表现，特别是他们是否能够提出独到的见解和创新的解决方案。例如，在商业管理课程中，学生可以通过实际企业案例分析，展示他们在商业策略、市场分析和创新解决方案方面的能力。教师可以通过评估学生的解决方案的创新性、可行性和实际应用效果，了解他们的创新能力。

通过以上方法，学校和教师可以全面评估创新教学模式对学生批判性思维和创新能力的培养效果。这些评估不仅能够展示教学改革的成效，还能为进一步改进教学方法提供重要依据，最终提升学生的综合素质和实际能力。

（四）实践能力与职业素养

1. 实践项目中的表现和成果

创新教学模式往往强调实践和实验学习的重要性。通过以下方式评估学生在实践项目中的表现和成果，进而评估其实践能力。

（1）实践项目成果：评估学生在各种实践项目中的具体成果。例如，学生在工程类课程中完成的设计项目、在商业管理课程中策划的市场调研或商业计划书等。教师可以通过项目报告、成果展示和实际应用效果等多方面，评估学生的实践能力和项目执行力。

（2）实习报告：通过学生在企业或科研机构的实习报告，了解他们在真实工作环境中的表现。实习报告通常包括实习期间的工作内容、学习收获、遇到的问题和解决方法。教师和实习单位的评估可以提供有关学生在实际工作中的表现和能力的具体反馈。

（3）行业互动：观察学生与行业专家、企业导师的互动情况。例如，在学校组织的企业讲座、职业发展活动和行业研讨会上，学生的提问和参与度可以反映他们对行业的理解和实际应用能力。通过这些活动的参与，学生可以将理论知识与行业实践相结合，提升实践能力。

2. 职业素养的提升和就业竞争力

通过以下途径评估学生的职业素养和就业竞争力的提升。

（1）与企业合作：通过与企业的合作项目和实习机会，评估学生的职业技能和实践经验。企业导师和实习单位的反馈可以提供有关学生职业素养和工作表现的具体评价。例如，企业对学生在实习期间的工作态度、团队合作能力和职业技能的评价，可以反映学生的就业准备情况。

（2）职业发展中心的数据：利用学校职业发展中心的数据，分析学生的就业情况和职业发展路径。例如，毕业生的就业率、就业领域和职业发展速度等数据，可以反映学生在职场中的竞争力和适应能力。职业发展中心还可以通过举办职业技能培训和就业指导，帮助学生提升职业素养。

（3）毕业生跟踪调查：通过对毕业生的跟踪调查，收集他们在职场中的表现和反馈。这些调查通常包括毕业生的就业现状、职位提升、职业满意度以及对母校教育的评价。通过分析这些数据，学校可以了解毕业生在职场中的实际表现和职业发展情况，评估其职业素养的提升。

（4）职业技能培训：学校可以提供各类职业技能培训，如简历写作、面试技巧、团队管理和领导力等，帮助学生提升职业素养和就业竞争力。通过培训前后的评估，了解学生职业技能的提升情况。

通过这些方法，学校和教师可以全面评估创新教学模式对学生实践能力和职业素养的提升效果。这些评估不仅有助于了解教学改革的成效，还能为进一步改进教学方法和职业教育提供重要依据，最终提升学生的综合素质和就业竞争力。

三、学生反馈分析

学生的反馈是评估教学模式创新成功与否的关键指标。通过分析学生的体验和满意度，教育者可以更好地理解哪些方面是有效的，哪些方面需要改进。

（一）学习体验与满意度

1. 学生对创新教学模式的总体满意度

通过问卷调查、面谈和集中讨论等方式收集数据，了解学生对采用的创新教学模式（如翻转课堂、混合学习等）的总体满意度。重点关注以下几个方面。

（1）学习趣味性：学生是否觉得创新教学模式增加了学习的趣味性。例如，问卷中可以包含关于课程内容的吸引力、互动活动的趣味性以及教学方法的新颖程度的评价。

（2）学习便利性：学生是否认为这些模式提供了更多的学习便利。例如，调查学生对在线资源的可访问性、学习材料的易用性以及自主学习安排的灵活性的评价。

（3）学习效率：学生是否觉得创新教学模式提高了学习效率。例如，收集学生对学习时间管理、知识掌握速度和理解深度的反馈。

2. 学习过程中的积极与消极体验

收集学生在学习过程中遇到的具体挑战和问题，以及他们认为最有帮助和最享受的部分。这些反馈有助于识别教学模式中的优势和弱点。具体措施包括以下内容。

（1）问卷调查：设计详细的问卷，涵盖学习体验的各个方面，包括课程内容、教学方法、学习资源、师生互动等。问卷应包括开放性问题，让学生自由表达他们的感受和建议。

（2）面谈：进行个别面谈，深入了解学生的学习体验。通过与学生的直接对话，收集他们对课程的具体看法、遇到的问题和改进建议。

（3）集中讨论：组织集中讨论组，邀请学生分享他们的学习体验。通过小组讨论，可以获得多样化的反馈，了解不同背景和学习习惯的学生在创新教学模式中的体验。

（4）具体挑战和问题：收集学生在学习过程中遇到的困难和问题，例如技术使用问题、时间管理挑战、知识理解障碍等。这些信息有助于识别教学模式中的弱点和改进点。

（5）有帮助和享受的部分：了解学生在学习过程中最有帮助和最享受的部分，例如哪些教学活动最能激发他们的学习兴趣，哪些资源和方法最能帮助他们理解和掌握知识。这些反馈有助于识别教学模式中的优势和成功经验。

通过以上方法，学校和教师可以全面了解学生对创新教学模式的学习体验与满意度。这些数据不仅能够展示教学改革的成效，还能为进一步优化教学方法提供宝贵的反馈和建议，最终提升学生的学习体验和教学质量。

（二）教学资源与支持

1. 对教学资源和工具的评价

评估学生对教学资源如在线教材、教学软件和互动工具的满意程度。了解这些资源是否足够支持他们的学习需求，以及资源的可获取性和适用性。具体措施包括以下方面。

（1）在线教材：通过问卷调查和面谈，了解学生对在线教材的评价。重点关注教材内容的丰富性、易懂性和更新频率。询问学生是否觉得教材能够充分覆盖课程内容，并且是否易于理解和使用。

（2）教学软件：评估学生对用于教学的软件工具的满意度。例如，调查学生对学习管理系统（LMS）、虚拟实验室软件和编程环境的使用体验。重点了解软件的易用性、功能性和稳定性。

（3）互动工具：了解学生对互动工具（如在线讨论区、实时投票工具、虚拟教室）的使用体验和满意度。询问这些工具是否能够有效促进师生互动和学生间的交流，是否方便使用和访问。

（4）资源可获取性：评估学生对教学资源的可获取性，包括在线资源的访问速度、平台的稳定性和资源的下载便利性。了解是否存在资源访问受限或不便的问题。

（5）资源适用性：了解教学资源的适用性，包括资源是否与课程内容和学习需求匹配。询问学生是否觉得资源内容实用、与实际学习需求吻合，并且是否能够支持他们的学习和研究。

2. 对教师指导和支持的反馈

收集学生对教师在创新教学模式中提供的支持和指导的反馈。包括教师的可达性、反应速度，以及他们在促进学生理解和应用知识方面的效果。具体措施包括以下方面。

（1）教师可达性：评估学生对教师可达性的满意度。询问学生在需要帮助时能否方便地联系到教师，以及教师是否在课外时间提供办公时间、在线答疑或其他沟通渠道。

（2）反应速度：了解教师在回应学生问题和反馈方面的速度和效率。询问学生教师在回答问题、提供反馈和批改作业时的响应速度，是否能够及时解决学生的疑问和问题。

（3）指导效果：评估教师在促进学生理解和应用知识方面的效果。了解学生对教师授课质量、教学方法和个性化指导的满意度。询问教师是否能够清晰讲解课程内容、有效引导讨论和实践活动，并提供有针对性的辅导和支持。

（4）反馈质量：了解学生对教师提供的反馈的质量和有用性。询问学生是否觉得教师的反馈详细且有建设性，能够帮助他们改进学习方法和理解知识点。

通过以上方法，学校和教师可以全面评估学生对教学资源和教师指导支持的满意度和需求。这些数据不仅能够展示当前资源和支持的有效性，还能为进一步改进和优化教学资源和教师支持提供宝贵的反馈和建议，最终提升学生的学习体验和教学质量。

（三）学习环境与设施

1. 物理和数字学习环境的评价

评估学生对学校提供的物理和数字学习环境的满意度，如教室、图书馆、实验室和在线学习平台等。具体措施包括以下内容。

（1）教室环境：收集学生对教室环境的反馈，包括教室的舒适度、照明、通风、座位安排和设备情况。了解教室是否提供了一个良好的学习氛围，是否配备了现代化的教学设施，如投影设备、智能白板等。

（2）图书馆资源：评估学生对图书馆的满意度，包括图书和期刊的种类和数量、电子资源的可访问性、学习区域的舒适度和安静程度、图书馆工作人员的帮助和服务等。

（3）实验室设施：了解学生对实验室的评价，包括实验设备的现代性和可用性、实验室的安全性和清洁度、实验课程的安排和实验指导的质量。询问实验室是否能够满足学生的实验需求和研究项目的需要。

（4）在线学习平台：评估学生对在线学习平台的满意度，包括平台的稳定性和易用性、资源的可访问性、交互工具的功能性和便利性。了解学生在使用在线学习平台时是否遇到技术问题，是否能够顺利进行在线学习和交流。

2. 对学习设施和设备的反馈

了解学生对学习中使用的设施和设备的评价，包括它们的现代性、可用性以及如何帮助他们更好地学习。具体措施包括以下几个方面。

（1）设施现代性：评估学生对学校提供的学习设施和设备的现代性评价。例如，教室和实验室的设备是否是最新的，是否配备了先进的技术工具和设备。了解学生对这些现代设施的使用体验和满意度。

（2）设施可用性：收集学生对学习设施和设备可用性的反馈。询问学生是否能够方便地使用所需的设施和设备，如图书馆的学习空间和资源、实验室的设备和工具、在线学习平台的功能和资源等。了解是否存在设施不足或使用受限的问题。

（3）设施帮助学习：了解学生对学习设施和设备在帮助他们学习方面的评价。询问学生是否觉得这些设施和设备有助于他们更好地理解课程内容、进行实验和研究、完成作业和项目。例如，实验室设备是否能够帮助他们进行有效的实验，在线学习平台是否提供了便捷的学习资源和工具。

（4）设施维护和支持：评估学生对学习设施和设备维护和支持的满意度。了解设施是否得到良好的维护和保养，是否有专门的技术支持团队提供帮助。询问学生在使用设施和设备时是否遇到故障，是否能够及时得到解决。

通过以上方法，学校和教师可以全面评估学生对学习环境和设施的满意度和需求。这些数据不仅能够展示当前学习环境和设施的有效性，还能为进一步改进和优化学习环境和设施提供宝贵的反馈和建议，最终提升学生的学习体验和教学质量。

（四）改进建议与期望

1. 学生对现有教学模式的改进建议

鼓励学生提出他们对当前教学模式的具体改进意见，这些意见可以为教学方法的优化提供直接的参考。具体措施包括以下内容。

（1）问卷调查：设计详细的问卷调查，涵盖课程内容、教学方法、师生互动、学习资源和评价方式等方面。让学生自由表达他们对每个方面的看法和建议。例如，问卷可以包含以下问题：

①你对当前的教学方法（如翻转课堂、混合学习等）有什么具体的改进建议？

②你认为哪些教学活动对你的学习帮助最大？哪些活动需要改进？

③在课程内容和教学节奏方面，你有什么建议？

④在师生互动和反馈方面，你认为还可以如何改进？

（2）面谈和讨论组：通过个别面谈和集中讨论的方式，深入了解学生的改进建议。让学生在轻松的环境中分享他们的真实感受和想法。通过这种直接交流，可以获得更详细和有针对性的反馈。例如，组织学生和教师的圆桌讨论会，讨论如何改进课堂互动、提升学习体验等问题。

（3）匿名反馈箱：在教学楼和在线学习平台设置匿名反馈箱，让学生可以随时提交他们的改进建议。匿名反馈能够鼓励学生更自由地表达他们的真实想法，尤其是对敏感问题的意见。

2. 对未来课程和教学方法的期望

探讨学生对未来课程内容和教学方法的期望，特别是他们希望如何看到教育技术和创新教学方法被进一步整合进他们的学习经验中。具体措施包括以下内容。

（1）未来课程内容期望：通过问卷调查和讨论组，了解学生对未来课程内容的期望。例如，学生是否希望增加更多跨学科课程、新兴技术课程或实践导向课程。了解学生对课程难度、内容广度和深度的期望。

①你希望未来的课程内容有什么新的变化？

②你希望增加哪些新的课程主题或领域？

③在课程的广度和深度方面，你有什么具体的期望？

（2）教学方法的期望：探讨学生对未来教学方法的期望，特别是他们希望如何看到教育技术和创新教学方法的应用。例如，学生是否希望更多地使用虚拟现实（VR）、增强现实（AR）技术进行沉浸式学习，或者更多地利用在线协作工具进行小组项目。

①你希望未来的教学方法有哪些新的变化？

②你希望在课堂上使用哪些新技术或工具？

③在互动和参与方面，你有什么期望？

（3）整合教育技术：了解学生希望如何进一步整合教育技术和创新教学方法进他们的学习经验中。例如，学生对在线学习平台的功能扩展、智能辅导系统的应用、个性化学习路径的实现等方面的期望。

①你希望教育技术如何进一步整合到你的学习中？

②你对在线学习平台的功能和使用有什么新的期望？

③你希望在个性化学习和智能辅导方面有什么改进？

通过以上方法，学校和教师可以全面了解学生对现有教学模式的改进建议和对未来课程及教学方法的期望。这些反馈不仅能够为教学方法的优化提供直接的参考，还能为未来教育技术和创新教学方法的应用提供重要的指导，最终提升学生的学习体验和教学质量。

第三节 模式创新中的技术应用与挑战

一、引言

在21世纪的教育领域，技术的角色日益重要。从互联网到移动设备，再到最新的人工智能技术，各种工具和平台已经成为现代教学环境的核心组成部分。技术不仅改变了教育内容的传递方式，也重塑了师生互动的模式，并优化了和学习过程的管理。随着技术的快速发展，教学模式的创新成为提高教育质量和效率的关键途径，这不仅能满足多样化的学习需求，也能适应快速变化的社会和经济需求。

在这种背景下，教学模式的创新变得尤为必要。传统的面对面教学模式虽然仍有其不可替代的价值，但在许多情况下，它需要与新兴的技术紧密结合，以提高教学的灵活性和可接触性，同时也为学生提供更加个性化和参与感更强的学习体验。

本书旨在探讨技术在教学模式创新中的应用及其对教育实践的影响。特别关注如何通过技术增强教学效果，提高学生的参与度和满意度，并改善教育成果。技术的集成不仅有助于传统教育模式的转型，还可以开辟新的教学和学习方式，如翻转课堂、在线学习和混合学习等。

此外，研究还将分析技术应用过程中面临的挑战，如技术接入不平等、教师培训需求、学生对新技术的适应性问题等。这些挑战需要通过策略和政策的调整得到妥善解决，以确保技术在教育中的有效应用，从而推动教学模式创新的持续进步。

通过这些研究，本书希望为教育政策制定者、学校管理者以及教育技术开发者提供实证基础和策略建议，促进教育技术的有效利用和教育质量的整体提升。

二、技术应用在教学模式创新中的作用

随着教育技术的不断进步，多种创新工具和方法已被引入到现代教育实践中，极大地丰富了教学模式并提高了教育效果。以下几个领域的技术应用展示了其在教学模式创新中的关键作用：

（一）在线教育平台的建设与使用

在线教育平台如 MOOCs（大规模开放在线课程）和 SPOCs（小型私有在线课程）使教育资源全球化和民主化，为学生提供了随时随地学习的可能。这些平台通过提供视频讲座、在线讨论和实时反馈，极大地扩展了教学的边界。

1. MOOCs 的建设与使用

MOOCs 平台通过互联网提供高质量的教育资源，使全球各地的学生都能接触到顶尖大学的课程。例如，在 Coursera、edX 和 FutureLearn 等平台上，汇集了来自世界各地的名校课程，学生可以根据兴趣和需求选择学习。MOOCs 允许学生根据自己的时间和进度安排学习。视频讲座可以反复观看，课件和学习材料可以随时访问，极大地提高了学习的灵活性和便利性。MOOCs 平台通常配备在线讨论区和实时反馈系统，学生可以在学习过程中提出问题，与同学和教师互动，获得及时的反馈和支持。例如，在 edX 平台上的课程中，学生可以通过讨论区分享学习心得，解答彼此的问题，教师和助教也会参与讨论，提供专业指导。

2. SPOCs 的建设与使用

SPOCs 针对特定学校或班级，提供更定制化和互动性强的课程。相比 MOOCs，SPOCs 通常有较小的规模，教师可以更好地关注每个学生的学习情况，提供个性化的指导和反馈。SPOCs 平台支持在线测验、作业提交和成绩管理，教师可以方便地跟踪学生的学习进度，进行成绩评估。例如，通过 SPOCs 平台，教师可以布置在线测验，自动批改并记录成绩，及时了解学生的掌握情况。SPOCs 平台通常设有虚拟教室和实时讨论功能，教师可以通过直播授课、实时答疑等方式，与学生进行高效互动，这种互动不仅有助于学生理解课程内容，还能增强课堂的参与感和互动性。

（二）数字化资源库的开发与管理

高校和教育机构开发的数字资源库为学生提供了丰富的学习材料，包括电子书籍、学术论文、教学视频和互动模拟。这些资源的有效管理和更新保证了学习内容的时效性和相关性。

1. 数字资源库的开发

数字资源库汇集了各类学习材料，如电子书籍、学术论文、教学视频和互动模拟，为学生提供全面的学习支持。例如，学校图书馆的数字资源库可以包括从各大出版社订购的电子书籍，学生可以随时在线阅读和下载。资源库可以根据不同学科和专业领域，分类整理和提供相关的深度学习材料，帮助学生进行深入研究。例如，医学专业的资源库可以提供最新的医学研究论文、手术视频和病例分析，支持学生的专业学习和研究。

2. 数字资源库的管理

为了保证学习内容的时效性和相关性，数字资源库需要定期更新。例如，添加最新出版的学术论文和书籍，更新互动模拟的版本，确保学生可以访问到最新的研究成果和教学资源。资源库管理系统需要提供便捷的搜索和访问功能，学生可以通过关键词搜索快速找到所需的学习材料。例如，图书馆的资源库系统可以提供先进的检索功能，学生可以通过多种搜索条件（如作者、标题、关键词等）快速找到相关资源。资源库管理需要确保所提供的学习材料的质量和可靠性。例如，图书馆和教育机构可以通过严格的审核和筛选机制，选择高质量的学术出版物和教学资源，确保学生获得的学习材料具有高水平的学术价值和实用性。

通过有效的在线教育平台建设和数字资源库管理，学生可以获得更丰富和多样化的学习资源，提升学习体验和效果。同时，这些措施也推动了教育资源的全球化和民主化，为不同地区和背景的学生提供公平的学习机会。

（三）智慧教室与互动教学

1. 智慧教室的技术配置与功能

智慧教室利用最新的信息技术，如自动化控制、实时数据分析和高效能通信系统，为传统教室环境提供了技术支持，从而增强了教学的互动性和灵活性。智慧教室配备了自动化控制系统，能够控制教室内的照明、温度、音响等设备，以创建一个舒适的学习环境。例如，教师可以通过一个集中控制面板调节灯光亮度、空调温度，确保教室环境适宜教学活动。智慧教室集成了多种传感器和数据采集设备，能够实时监测和分析学生的学习状态和教室环境。例如，通过监测学生的出勤率、注意力水平和课堂参与度，教师可以及时调整教学策略，提升教学效果。智慧教室配备了高速网络和先进的通信设备，支持教师和学生之间的实时互动和信息交流。例如，教师可以通过无线投影设备将教学内容投射到电子白板或大屏幕上，学生可以使用平板电脑或智能手机进行实时互动和反馈。

2. 互动教学工具（如电子白板、互动投影）的应用

电子白板和互动投影等工具的引入使得课堂更加生动，支持多媒体内容的展示和

学生的实时反馈，提高了学生的参与度和学习效率。具体应用包括以下几个方面。

（1）电子白板：电子白板是一种先进的教学工具，支持教师在白板上进行书写、绘图、演示等多种操作。教师可以通过电子白板展示课件、视频和图片，并实时标注和编辑内容，增强教学的直观性和互动性。例如，在讲解复杂的数学公式时，教师可以在电子白板上逐步演示解题过程，并与学生互动讨论。

（2）互动投影：互动投影设备能够将教学内容投射到教室的墙面或白板上，学生可以直接在投影区域进行触摸操作和互动。教师可以通过互动投影展示多媒体课件、互动练习和即时测试，以增强学生的参与感和学习体验感。例如，在地理课程中，教师可以通过互动投影展示地球仪，学生可以通过触摸操作旋转和放大地图，深入了解地理知识。

（3）学生实时反馈：互动教学工具支持学生进行实时反馈，教师可以根据学生的反馈及时调整教学内容和节奏。例如，通过电子白板上的投票和测验功能，教师可以了解学生对知识点的掌握情况，并有针对性地进行讲解和辅导。

（4）多媒体内容展示：电子白板和互动投影支持展示多种形式的教学内容，如视频、音频、动画和图表等，丰富了课堂教学的内容和形式。例如，在历史课程中，教师可以通过电子白板播放历史纪录片，展示历史事件的动画重现，以增强学生的学习兴趣并加深他们的理解。

通过智慧教室的技术配置和互动教学工具的应用，教学环境更加智能化和互动化，提升了学生的学习体验和教学效果。这些技术不仅提高了课堂的动态性和学生的参与度，还为个性化和差异化教学提供了支持，满足了不同学生的学习需求。

（四）虚拟现实（VR）与增强现实（AR）

1. VR/AR 技术在模拟实验和沉浸式学习中的应用：

VR 和 AR 技术能够创建模拟环境，使学生能够在没有风险的情况下进行实验和练习。这在医学、航空和工程等需要复杂模拟的领域中尤为重要。具体应用包括以下几个方面。

（1）VR 模拟实验：通过 VR 技术，学生可以进入一个完全虚拟的实验室，进行各种科学实验。例如，在化学实验中，学生可以在虚拟环境中操作化学试剂和仪器，观察化学反应过程，而不必担心安全问题。这种沉浸式学习体验可以帮助学生更好地理解实验步骤和原理。

（2）AR 增强学习：AR 技术可以将数字信息叠加到现实环境中，增强学生的学习体验感。例如，在生物学课程中，学生可以使用 AR 设备观察到三维的细胞结构，甚至可以与之互动，了解细胞内部的各个组成部分及其功能。这种增强现实的学习方式，可以使抽象的概念变得具体和直观。

（3）沉浸式学习环境：VR技术可以创建一个完全沉浸式的学习环境，例如历史课程中的虚拟博物馆，学生可以"步入"历史场景，亲身体验历史事件。这种沉浸式学习可以极大地提升学生的学习兴趣和记忆效果。

2. 具体案例分析

（1）医学教育中的VR应用

在医学教育中，VR技术提供了一个安全、可控的环境，让学生能够进行虚拟的解剖和手术练习。通过VR模拟手术，学生可以学习和练习复杂的手术技能，提高操作的熟练度和准确性。例如，学生可以使用VR设备进行心脏手术的模拟练习，了解手术的每一个步骤，并在虚拟环境中反复操作，直至熟练掌握。此外，虚拟解剖实验室可以让学生三维地观察和学习人体解剖结构，增强学生学习的直观性和实践性。

（2）工程教育中的AR应用

在工程领域，AR技术帮助学生更好地理解复杂的机械和结构设计。通过AR设备，学生可以在真实环境中查看三维机械模型，并与模型进行互动，了解机械各部分的功能和运作原理。例如，在机械工程课程中，学生可以使用AR眼镜观察汽车发动机的内部结构，通过虚拟拆解和组装了解各个零件的作用和连接方式。这种互动式的学习方式，可以帮助学生更直观地理解复杂的工程概念和设计。

（3）航空培训中的VR应用

在航空培训中，VR技术提供了一个安全的飞行模拟环境，供飞行员学员进行飞行训练。通过VR飞行模拟器，学员可以在不同的天气条件和突发情况下进行飞行练习，提高应对复杂飞行环境的能力和反应速度。例如，学员可以在虚拟环境中体验恶劣天气下的飞行，学习如何处理紧急情况，如发动机故障或气流紊乱。这种高仿真的训练方式，不仅提升了训练效果，还大大降低了实际飞行训练的风险和成本。

通过VR和AR技术在模拟实验和沉浸式学习中的应用，学生可以获得更加丰富和直观的学习体验。这些技术不仅提高了学习的实践性和直观性，还为复杂学科的教学提供了创新的解决方案，推动了教育的现代化发展。

三、技术应用中的挑战

虽然技术的集成为教学模式创新带来了显著的益处，但在实施过程中也面临着多种挑战。这些挑战涉及技术基础设施、师生的技术素养、数据隐私与安全，以及教学模式与技术的有效融合。

（一）技术基础设施建设

1. 高校技术基础设施的建设成本

高校在引入先进的教育技术和构建数字化学习平台时，往往需要巨大的初期投资。这包括硬件设施的购置、软件系统的开发以及网络资源的构建等。具体成本包括以下内容。

（1）硬件设施购置：现代化教学需要高性能计算机、服务器、智能教室设备（如互动白板、投影仪、VR 设备）、实验室设备等。这些设备的购置成本较高，尤其是配置先进的实验室和智慧教室。

（2）软件系统开发：为了支持数字化学习，高校需要开发或购买各种软件系统，如学习管理系统（LMS）、虚拟实验室软件、在线考试平台、教学资源管理系统等。这些系统的开发和定制化配置需要专业的技术支持和大量的资金投入。

（3）网络资源构建：为保障数字化学习平台的顺畅运行，高校需要建设高速稳定的校园网络，包括无线网络覆盖、高带宽互联网连接、数据中心和云计算资源等。网络基础设施的建设和维护也是一笔不小的费用。

对于许多教育机构来说，资金的筹集和分配是一个主要的挑战。高校需要通过多种途径筹集资金，如政府拨款、校友捐赠、企业赞助和自筹资金等。此外，还需要合理规划和分配资金，确保资源的高效利用。

2. 维护与更新的困难

随着技术的快速迭代，持续更新和维护这些技术设施也成了一个不小的负担。具体挑战包括以下内容。

（1）设备和系统的更新：技术设备和软件系统需要定期更新，以保持与最新技术的发展同步。例如，计算机硬件需要定期升级，软件系统需要更新版本以修复漏洞和增加新功能。更新过程不仅需要购买新设备和软件，还需要技术人员进行安装和调试。

（2）技术支持和维护：高效的技术支持和维护团队是确保技术基础设施持续运行的关键。高校需要配备专业的技术支持人员，负责设备的日常维护、系统的运行管理以及技术问题的解决。这些人员的培训和聘用也是一项持续的成本。

（3）安全性和稳定性：随着数字化学习平台的广泛应用，信息安全和系统稳定性成为重要考量。高校需要定期进行安全审计、系统备份和防火墙配置，防止数据泄露和系统崩溃。这些安全措施的实施和维护也是一个持续的费用。

（4）用户培训和支持：为了让教师和学生有效使用新技术，高校需要提供培训和支持服务。这包括培训教师使用新设备和软件、提供使用指南和技术支持服务等。用户培训和支持不仅需要时间和人力投入，还需要资金支持。

为了应对这些维护和更新的困难，高校可以采取一些策略，如建立长期的设备和系统更新计划、优化技术支持团队、寻求多方合作和资源共享等。通过合理的规划和管理，可以在有限的预算内实现技术基础设施的高效运行和持续发展。

（二）师生技术素养

1. 教师对新技术的接受与掌握

教师在采用新技术进行教学时可能会遇到技术接受度低和技能掌握慢的问题。这要求教育机构提供足够的技术培训和支持，以提高教师的技术熟练度。具体措施包括以下内容。

（1）技术培训计划：为教师提供系统的技术培训，帮助他们掌握新技术和教学工具的使用。例如，举办定期的培训工作坊和在线课程，内容涵盖电子白板的使用、在线教学平台的操作、VR/AR 技术在教学中的应用等。通过实战演练和案例分析，让教师能够在实际教学中熟练运用这些技术。

（2）技术支持团队：建立专门的技术支持团队，为教师提供即时的技术帮助和指导。教师在使用新技术过程中遇到问题时，可以随时寻求技术支持团队的帮助，解决技术难题，确保教学活动顺利进行。

（3）示范教学和经验分享：邀请已经成功运用新技术进行教学的教师进行示范教学和经验分享，通过实际案例展示新技术在教学中的应用效果。通过示范课和经验交流会，激励更多教师积极尝试和接受新技术。

（4）激励机制：设立奖励和激励机制，鼓励教师积极参与技术培训和创新教学。例如，可以评选"技术创新教学奖"，表彰在教学中成功应用新技术的教师，提高教师对技术学习和应用的积极性。

2. 学生对新技术的适应与使用情况

虽然大多数学生对新技术比较熟悉，但技术水平的不均也可能影响学习效果。此外，学生可能对在线学习平台的过度依赖导致学习深度不足。具体措施包括以下内容。

（1）技术适应性评估：在新学期开始时，进行学生技术适应性评估，了解学生对新技术和在线学习平台的掌握情况。根据评估结果，有针对性地提供技术培训和指导，帮助技术水平较低的学生尽快适应和掌握新技术。

（2）技术培训和指导：为学生提供技术培训课程和使用指南，帮助他们熟练使用在线学习平台和各种教学工具。例如，开设"在线学习技巧"课程，内容涵盖在线平台的功能使用、在线资源的获取和管理、技术问题的解决等，提升学生的技术素养。

（3）学习深度的监控和反馈：通过在线学习平台的数据分析，监控学生的学习行为和学习效果。例如，分析学生的在线学习时长、互动频率、作业完成情况等，及时发现学习深度不足的问题。教师可以根据数据反馈，提供个性化的指导和支持，帮助学生提高学习效果。

（4）混合学习模式：在在线学习的基础上，结合线下互动和实践活动，增强学习的深度和广度。例如，在线完成理论学习后，通过课堂讨论、小组项目、实验操作等活动，进一步巩固和应用所学知识，避免过度依赖在线学习平台导致的学习深度不足。

（5）学生反馈机制：建立学生反馈机制，定期收集学生对新技术和在线学习平台使用情况的反馈意见。根据反馈意见，及时调整和优化技术支持和教学方法，确保新技术的有效应用和学生学习效果的提升。

通过这些措施，教育机构可以提高师生对新技术的接受与掌握程度，确保技术在教学中的有效应用，提升整体教学质量和学习效果。

（三）教学模式与技术的融合

1. 传统教学模式与新技术的融合难度

将传统教学方法与新兴技术有效结合是一个复杂的过程，需要教师不仅要掌握教学内容，还要擅长使用新技术。这种融合的难度往往需要通过实践和经验积累来克服。具体挑战和应对措施包括以下内容。

（1）教师培训和支持：教师需要接受系统的培训，学习如何将新技术应用于教学中。例如，教师可以参加技术使用工作坊、在线课程和培训计划，了解如何使用互动白板、在线学习平台、VR/AR 技术等工具。此外，学校应提供持续的技术支持，确保教师在遇到技术问题时能够及时获得帮助。

（2）教学设计的复杂性：将新技术融入教学需要重新设计课程和教学活动，以确保技术的应用能够真正提升教学效果。教师需要学习如何在教学设计中合理使用技术工具，增强教学的互动性和效果。例如，在翻转课堂中，教师需要设计有效的课前预习和课后活动，确保学生能够充分利用在线资源进行自主学习。

（3）时间和资源限制：教师在引入新技术时可能面临时间和资源的限制。学校应提供必要的资源支持，如技术设备、软件和专业培训，减轻教师的负担。此外，学校可以安排专门的时间用于教师的技术培训和课程设计，确保教师有足够的时间进行准备和实施。

（4）文化和心态的转变：教师和学生可能需要改变传统的教学和学习方式，适应新的技术环境。这需要通过积极的沟通和示范，逐步改变师生的态度和习惯。例如，学校可以通过成功案例的分享和示范课，展示新技术在教学中的应用效果，激发师生的兴趣和信心。

2. 教学效果的评估与调整

新技术的引入应伴随着对教学效果的持续评估和必要的调整。这要求教育机构建立有效的反馈机制，以确保技术应用真正达到改善教学质量和提高学生学习成效的目标。具体措施包括以下内容。

（1）持续反馈机制：建立教师、学生和管理层之间的持续反馈机制，收集和分析教学过程中的问题和改进建议。例如，通过定期的问卷调查、面谈和讨论组，了解师生对新技术应用的看法和建议。反馈机制应覆盖教学的各个环节，包括课程设计、课堂实施、课后活动等。

（2）数据驱动的评估：利用在线学习平台和教育技术工具收集和分析教学数据，评估新技术的应用效果。例如，通过学习管理系统（LMS）监控学生的学习行为和成绩，分析技术工具对学习效果的影响。数据分析应包括学生的学习进度、参与度、成绩变化等，帮助教师和管理层及时发现问题并进行调整。

（3）定期评估与改进：制定定期的教学效果评估计划，对新技术应用的整体效果进行综合评估。例如，每学期末进行教学效果评估，结合学生反馈、教学数据和教师自评，全面评估新技术的应用效果。根据评估结果，调整和优化教学设计和技术应用策略，确保教学质量的持续提升。

（4）试点与推广：在全校范围内推广新技术之前，可以先进行小范围的试点，积累经验并评估效果。例如，选择部分课程或班级进行技术应用试点，通过反馈和评估不断改进和完善。在试点成功的基础上，再逐步推广到更多的课程和班级，确保技术应用的效果和可行性。

（5）教师与学生的参与：鼓励教师和学生积极参与到技术应用的评估和改进过程中。例如，成立教学技术顾问小组，由教师和学生代表共同参与，定期讨论和评估新技术的应用效果，提出改进建议。通过广泛的参与和协作，确保技术应用能够真正满足师生的需求，提升教学效果。

通过这些措施，教育机构可以有效地将传统教学模式与新技术融合，提高教学质量和学生学习成效。持续的评估和调整不仅能够确保技术应用的有效性，还能不断改进和优化教学方法，推动教育的创新和发展。

第五章 影响教学模式创新的关键因素

第一节 内部因素：教育理念、师资力量和学生结构

一、引言

在全球教育领域，教学模式的创新已成为提升教育质量和适应快速变化教育需求的关键。随着科技的发展、学生需求日益多样化和全球化挑战的加剧，教育系统必须不断革新以保持其相关性和有效性。教学模式创新不仅涉及采用新的技术和方法，还包括对教育理念和教学策略的根本性重新思考。

内部因素，如教育理念、师资力量和学生结构，对教学模式的创新起着决定性的作用。这些因素直接影响教育的交付方式和效果，从教师的教学方法到学生的学习动力和参与度都深受其影响。理解这些内部因素如何作用于教学模式的创新，对于任何试图改进教学实践的教育机构来说都是至关重要的。

本书旨在深入探讨教育理念、师资力量和学生结构如何影响教学模式的创新。通过理解这些内部因素，我们可以更好地识别促进或阻碍教学创新的关键元素。

（1）教育理念的作用：教育理念是推动教学模式创新的基石。它影响了教育目标的设定、课程内容的设计以及教学方法的选择。探讨现代教育理念如何促进更加灵活和学生中心的教学模式，对于任何希望改进其教学策略的教育机构来说都是必不可少的。

（2）师资力量的影响：教师是教学模式创新的执行者。他们的专业发展、教学技能和对新教学方法的接受度直接影响创新教学模式的成功实施。研究师资力量的构成和培训需求是优化教学模式的关键。

（3）学生结构的考量：学生的背景、需求和学习风格多种多样，对教学模式的有效性产生重大影响。深入了解学生结构对教学方法的具体需求和反应，将有助于教育

者设计更适应学生多样化需求的教学模式。

此研究将为教育机构提供关于如何结合内部资源和能力来创新和优化教学模式的实用指导。这些见解将支持教育领导者和政策制定者在制定和实施教育改革策略时做出更加明智的决策。

二、教育理念的影响

（一）现代教育理念的发展

1. 从传统教育到现代教育理念的转变

教育理念的变化反映了社会、经济和技术发展的需求。传统教育多侧重于知识传递和记忆，而现代教育理念强调的是学习者的全面发展和终身学习能力的培养。这种转变促使教育从单纯的知识灌输转变为能力、思维和价值观的综合培育。具体转变包括：

（1）从知识传递到能力培养

传统教育以教师为中心，侧重于知识的传递和记忆，学生被动接受信息。现代教育理念则强调学生的主动参与，注重培养学生的思维能力、解决问题的能力和创新能力。课堂上更多地采用互动式教学、项目式学习和探究式学习，以激发学生的学习兴趣和创造力。在传统教育中，教师是知识的传授者，学生是知识的接受者，教学过程单向进行。现代教育理念则提倡师生之间的双向互动，通过讨论、辩论、合作学习等方式，促进师生之间的交流和互动，从而增强学习的深度和广度。传统教育往往局限于课堂和书本，现代教育理念则强调开放式教育，充分利用互联网和数字化资源，拓展学习空间和资源。学生可以通过在线课程、数字图书馆、虚拟实验室等途径，随时随地获取知识和进行学习。

（2）现代教育理念的核心内容

①以学生为中心：这一理念强调教育应以学生的需求和兴趣为核心，注重培养学生的主动学习能力和批判性思维。具体体现包括：根据学生的兴趣、能力和学习风格，提供个性化的学习方案和资源，以满足不同学生的学习需求。鼓励学生自主学习，培养他们的学习动力和责任感。通过项目式学习、问题导向学习等方式，激发学生的学习兴趣和探索精神。培养学生的批判性思维能力，鼓励他们提出问题、分析问题和解决问题。通过讨论、辩论和案例分析等活动，增强学生的思维深度和独立性。

②终身学习：鉴于知识更新的加速和职业生涯的多变性，现代教育理念提倡终身

学习，强调学习是一个持续的、终生的过程。要注重培养学生的学习技能，如信息检索、数据分析、问题解决和团队合作等，以帮助他们在不断变化的环境中持续学习和发展。提供多样化的学习资源，如在线课程、开放教育资源、职业培训和继续教育等，以支持学生在不同阶段的学习需求。鼓励学生养成良好的学习习惯和态度，如自主学习、反思学习和终身学习。通过建立学习社区和学习支持体系，促进学生的持续学习和成长。

通过这些核心内容，现代教育理念不仅关注知识的传授，更注重学生的全面发展和终身学习能力的培养。这种转变不仅适应了社会、经济和技术发展的需求，也为学生的未来发展提供了坚实的基础。

（二）教育理念对教学模式创新的推动作用

1. 以学生为中心的教学改革

教育机构正在重新设计课程和教学活动，以更好地适应学生的个性化学习需求。这种以学生为中心的教育理念推动了多种创新教学模式的发展。利用技术手段，根据学生的兴趣、能力和学习进度，提供个性化的学习路径和资源，可以显著提升学生的学习效果和学习体验。

（1）适应性学习平台

适应性学习平台是一种智能教育技术，能够根据学生的表现动态调整学习内容，帮助每个学生实现最佳学习效果。这些平台使用数据分析、人工智能和机器学习技术，实时评估学生的学习状态和需求，并提供个性化的学习路径和资源。具体功能包括以下内容。

①学习路径动态调整：平台根据学生的学习进度和表现，自动调整学习内容和难度。例如，如果学生在某个知识点上表现不佳，系统会提供更多的练习和解释，直到学生掌握该知识点为止。

②个性化学习资源推荐：平台根据学生的兴趣和需求，推荐相关的学习资源，如视频讲解、电子书、在线练习和互动模拟等。这样，学生可以根据自己的兴趣和需求，选择最适合自己的学习材料。

③实时反馈与评估：平台提供即时反馈，帮助学生了解自己的学习情况。通过在线测验和练习，学生可以及时发现自己的不足之处，并通过系统的建议进行改进。

（2）智能辅导系统

智能辅导系统利用人工智能技术，为学生提供个性化的辅导和支持。具体应用包括以下方面。

①虚拟导师：虚拟导师可以通过自然语言处理技术，与学生进行互动，回答学生的问题，提供学习建议。例如，学生在学习过程中遇到问题，可以通过聊天窗口与虚拟导师交流，获得即时帮助。

②个性化学习计划：智能辅导系统根据学生的学习目标和进度，制定个性化的学习计划。系统会定期提醒学生完成学习任务，并根据学生的表现调整学习计划，确保学生按时达到学习目标。

（3）数据分析与学习分析

利用大数据分析和学习分析技术，教育机构可以深入了解学生的学习行为和需求，提供个性化的支持和服务。具体应用包括以下方面。

①学习行为分析：通过收集并分析学生在学习平台上的行为数据，如学习时间、访问频率、互动情况等，系统可以识别学生的学习模式和偏好。例如，如果学生在某个时间段内学习效率较高，系统可以建议学生在这个时间段安排更多的学习任务。

②学习需求预测：基于历史数据和当前表现，系统可以预测学生未来的学习需求，提前提供相关资源和支持。例如，如果系统发现学生在某个知识点上存在困难，系统会提前提供相关的学习资源和练习，帮助学生提前解决问题。

（4）互动式学习工具

利用互动式学习工具，可以为学生提供丰富的学习体验，增强学生的参与感和学习效果。具体应用包括：

①互动白板：教师可以通过互动白板进行实时教学，学生可以在白板上进行标注、提问和互动。互动白板不仅提高了课堂的互动性，还为学生提供了更多的参与机会。

②虚拟实验室：虚拟实验室利用VR/AR技术，提供沉浸式的学习体验，学生可以在虚拟环境中进行实验和练习。例如，在虚拟化学实验室中，学生可以进行各种化学反应的实验，观察实验结果，增强对知识的理解和应用能力。

通过这些技术手段，教育机构可以实现个性化学习，提供符合学生需求的学习路径和资源，学生的提升学习效果和学习体验。个性化学习不仅关注学生的个体差异，还通过技术手段实现因材施教，帮助每个学生达到最佳学习效果。

2. 创新与创业教育理念的融入

随着经济和社会对创新能力的日益重视，教育系统开始强调创新和创业能力的培养。这不仅包括技术创新，也包括社会创新和文化创新。具体措施包括以下方面。

（1）创新课程的设置

高校和中学开设了专门的创新课程，教授学生创新思维、创意生成和项目管理等技能。例如，设计思维课程通过实践活动和案例分析，培养学生的创新能力。通过引导学生解决实际问题，学生在实践中学习如何识别问题、构思创意、设计方案和实施项目。课程中运用头脑风暴、原型设计和用户反馈等方法，增强学生的创造力和实际操作能力。教授学生如何规划、执行和评估项目，涵盖时间管理、资源分配、团队合作和风险管理等方面。通过实际项目的模拟和操作，学生学会如何有效管理和推进创新项目。

（2）创业教育的推广

许多教育机构建立了创业孵化器和创业实验室，为学生提供创业指导、资金支持和实践平台。通过参与创业项目，学生不仅学会了商业技能，还培养了风险意识和创业精神。这些机构提供了一个支持创业的环境，包括办公空间、技术设备、法律和财务咨询等。学生在孵化器中可以获得全方位的创业支持，从最初的创意孵化到公司的成立和运营。专门设立的实验室为学生提供创新和创业实践的平台。学生可以在实验室中进行市场调研、产品开发和商业计划书的撰写，并通过与导师和行业专家的交流，完善和推进他们的创业项目。同时，邀请成功的企业家和行业专家为学生提供指导，通过讲座、工作坊和一对一辅导等形式，帮助学生了解创业的实际挑战和机遇，提高他们的创业成功率。

（3）跨学科创新

教育机构鼓励学生跨越学科界限，整合不同领域的知识和方法进行创新。例如，工程与艺术、科技与人文的结合，以培养学生的综合素质和创新能力。设立跨学科研究项目，让学生从不同学科的角度共同解决复杂问题。例如，智能城市项目结合工程、计算机科学、社会学和环境科学，培养学生的综合分析和创新能力。设计跨学科的课程模块，如结合艺术与科技的课程，教授学生如何在艺术设计中运用现代科技手段。这样的课程不仅拓宽了学生的知识面，还增强了他们的跨学科应用能力。建立跨学科合作平台，促进不同学科的教师和学生之间的交流与合作。通过跨学科的合作项目和交流活动，学生可以学会如何整合不同学科的知识和技能，进行创新性的研究和实践。

通过这些具体措施的实施，教育系统不仅注重技术创新，还强调社会创新和文化创新，培养学生全面的创新和创业能力。这种教育理念的融入，帮助学生适应快速变化的社会和经济环境，成为具有创新精神和创业能力的综合型人才。

3. 跨学科教育与多元化学习的推广

现代教育倡导跨学科的学习方式，通过整合不同学科的知识和方法来解决复杂的全球性问题。这种教育方式鼓励开放思维和创造力的发展。具体举措包括：

（1）跨学科课程设计

教育机构设计了一系列跨学科课程，例如环境科学与社会学、计算机科学与心理学等。这些课程通过综合不同学科的视角，培养学生的系统思维和创新能力。

①环境科学与社会学：该课程探讨环境问题的科学基础与社会影响。学生在学习生态学原理的同时，也了解社会政策、经济因素和人类行为对环境的影响。通过案例分析和实地研究，学生将学会综合运用科学与社会学知识解决环境问题。

②计算机科学与心理学：该课程结合计算机技术与心理学理论，研究人机交互、用户体验设计和人工智能对人类心理的影响。学生将通过项目实践，学习如何设计友好的技术界面和系统，以增强用户的使用体验和满意度。

（2）多元化学习平台

利用在线教育平台和数字资源库，提供多样化的学习资源，以支持学生进行自主学习和跨学科学习。例如，MOOCs和开放教育资源（OER）为学生提供了丰富的跨学科课程和学习材料。MOOCs在前面已经提到很多，这里不再赘述。开放教育资源（OER）可以提供各类免费学习资源，包括教材、学术论文、教学视频和互动模拟。OER的广泛应用使得学习资源更加开放和共享，促进了跨学科学习和合作。

（3）跨学科项目和研究

鼓励学生参与跨学科项目和研究，以解决实际问题。例如，环境保护项目需要整合生态学、经济学和社会学的知识，培养学生的综合素质和团队合作能力。

①环境保护项目：学生在这个项目中学习如何通过生态学、经济学和社会学的方法，制定和实施环境保护策略。例如，通过实地调查和数据分析，学生评估环境问题的成因和影响，并提出可行的解决方案。

②跨学科研究团队：教育机构设立跨学科研究团队，学生可以与不同学科的专家合作，参与前沿研究项目。通过跨学科的协作，学生不仅学会了整合不同学科的知识，还培养了批判性思维和创新能力。

③国际合作与交流项目：鼓励学生参与国际合作项目，与全球的学术机构和研究团队合作，共同解决全球性问题。例如，联合国教科文组织（UNESCO）和世界银行（World Bank）等组织的项目，为学生提供了丰富的跨学科研究和交流机会。

通过这些教学模式的创新，教育机构不仅适应了现代教育理念的要求，还为学生提供了更加多元化和丰富的学习体验。这种教育改革不仅提升了学生的学术能力，还增强了他们的创新意识和实践能力，为他们未来的发展奠定了坚实的基础。

三、师资力量的影响

（一）教师队伍的专业素养

1. 教师的学术背景与专业能力

教师的学术背景直接影响其教学内容的深度和广度。高水平的学术背景使教师能够在课堂上提供丰富、精确的学科知识，这是提高教学质量的基础。教师的专业能力，尤其是在特定学科的知识掌握和研究能力，不仅能增强课程的学术性，还能激发学生的学习兴趣和学术探索欲。

（1）持续教育和专业发展：为保持和提升教师的专业能力，教育机构应提供持续的职业发展机会，如研讨会、专业培训和学术会议，鼓励教师更新知识和技能。

（2）学术研究参与：鼓励教师参与学术研究和发表学术论文，这不仅有助于提升他们的研究能力，还能增加教学内容的前沿性和深度。

（3）跨学科能力培养：支持教师发展跨学科教学能力，促进不同学科之间的知识融合，以满足现代教育对跨学科能力的需求。

2. 教师的教学创新意识与能力

教师的创新意识决定了其采纳新教学方法和技术的意愿和速度。具备高度教学创新能力的教师能够设计和实施新的教学策略，更好地满足学生的学习需求。

（1）教学方法的创新：教育机构应鼓励和支持教师探索和实验新的教学方法，如翻转课堂、项目式学习和游戏化学习，这些方法能够增加学生的参与度和学习效果。

（2）技术整合能力：提升教师的技术应用能力，使他们能够有效地利用数字工具和平台（如智能教室技术、在线学习管理系统等）来丰富教学手段和提高教学效率。

（3）创新支持体系：建立一个支持教师创新的体系，包括提供时间、资源和资金支持。此外，建立奖励机制以表彰和激励采用创新教学方法的教师。

通过这些措施，教育机构可以确保教师队伍具备强大的学术背景和专业能力，同时拥有开放和创新的教学理念。这不仅能提升教学质量和学生的学习体验，还能适应快速变化的教育需求和挑战，为学生的全面发展奠定坚实基础。

（二）教师培训与专业发展

1. 系统的教师培训计划

为确保教师队伍能够不断更新其教学方法并提升教学技能，教育机构应制定并实施系统的教师培训和专业发展计划。这些培训不仅应涵盖教学技能的提升，还应包括最新教育技术的应用、教学理念的更新，以及课程设计的创新等方面。

（1）教育技术培训：随着教育技术的迅速发展，定期对教师进行教育技术培训变得尤为重要。培训内容可以包括智慧教室的使用、在线学习平台的管理、虚拟现实（VR）和增强现实（AR）技术在教学中的应用等。

（2）教学方法更新：提供关于新教学策略和方法的培训，如翻转课堂、混合学习、项目式学习等，以帮助教师有效地融合这些方法到日常教学活动中，从而增强学生的学习体验和学习效果。

（3）课程设计创新：培训教师如何创新课程设计，使课程内容更具吸引力和实用性，更好地适应学生的学习需求和当前社会的发展趋势。

2. 教师参与国内外学术交流与合作

鼓励教师参与国际会议、研讨会，以及与其他高校和研究机构的合作项目，这些活动不仅可以增强教师的专业能力，还可以拓展他们的视野，引入新的教学和研究灵感。

（1）国际会议和研讨会：通过参加国际教育会议和研讨会，教师可以接触到全球教育的最新研究成果和教育创新实践，与国际教育界的同行交流和学习。

（2）国际合作项目：参与国际合作研究项目或教学项目，与海外高校的教师共同工作，进行课程开发或联合研究。这种跨文化的合作经验不仅可以提升教师的研究能力，还可以提供更多元的教学视角和内容。

（3）国内外学术交流：建立国内外学术交流平台，定期组织交流活动，如讲座、工作坊和短期访学等，促进教师之间的知识分享和经验交流。

通过这些教师培训与专业发展活动，教师不仅能够持续提升自己的专业技能和教学能力，还能保持与国内外教育发展的同步，从而更有效地支持和促进学生的学习与发展。这种持续的专业成长机会对于激发教师的教学热情和创新意识至关重要，也是推动教育质量持续改进的关键因素。

（三）师资力量对教学模式创新的影响

1. 高水平教师团队对教学创新的推动

一支由多学科背景、富有创新精神的高水平教师团队，能够有效推动教学方法和课程内容的革新。这样的团队通常更能接受并实施以学生为中心的教学策略，推广项目式学习和技术集成等先进教学模式。

（1）多学科背景的融合：教师团队的多学科背景可以带来丰富的知识和视角，促使教学内容和方法的创新。例如，结合工程、商业和设计的教学团队能开发出跨学科的课程，提供更全面的教育体验。

（2）创新精神的培养：教师团队的创新精神是推动教学模式创新的关键。通过定期的专业发展和创新工作坊，教师可以不断探索新的教学策略和技术，如翻转课堂、虚拟现实应用等。

（3）以学生为中心的教学策略：高水平的教师团队更倾向于采用以学生为中心的教学策略，这种策略鼓励学生主动学习和参与。通过实施项目式学习、协作学习等模式，教师可以激发学生的学习热情和创造力。

2. 教师的创新教学实践与成果

教师的创新实践包括采用新技术、开发跨学科课程和实施新的评估方法。这些实践的成功与否，往往能够显著影响学生的学习体验和学习成果。

（1）新技术的采用：教师通过引入如智能教室技术、在线协作工具、人工智能辅助学习等新技术，可以极大地增强教学的互动性和效果。例如，使用 AR 技术来教授复杂的科学概念，可以帮助学生以更直观的方式理解抽象的知识。

（2）跨学科课程的开发：通过开发结合多个学科的课程，如科技与艺术、环境科学与社会政策等，教师可以提供更广阔的知识视野，培养学生的综合解决问题的能力。

（3）创新的评估方法：创新的教学实践也需要相应的评估方法来衡量其效果。教师可以实施基于项目的评估、同行评审和自我评估等多样化的评估方法，这些方法可以更全面地反映学生的学习进度和成就。

总之，高质量的师资力量是推动教育创新和提高教学质量的关键。教师的专业能力、创新意识和教学实践直接影响着教学模式的革新和学生的学习成效，因此，教育机构应持续投资于教师的专业发展和创新能力培养。通过这些努力，可以确保教育质量与时俱进，更好地满足学生和社会的需求。

四、学生结构的影响

（一）学生背景的多样性

1. 学生的学术背景与学习需求

学生的学术背景差异很大，这些差异可能源于他们之前的教育经历、专业知识水平及学习能力。理解这些差异对于设计能够满足不同学习需求的教学计划至关重要。

（1）个性化教学策略：针对学生的不同学术背景，教育机构和教师应采用个性化的教学策略。例如，对基础较弱的学生提供额外的辅导课程或预科班，而对高级学生提供更具挑战性的材料和深度学习机会。

（2）课程适应性调整：教师可以在教学过程中灵活调整课程内容和教学速度，确保所有学生都能跟上课程进度，同时为表现更优秀的学生提供进一步的挑战。

（3）学习资源的多样化：提供多种类型的学习资源，如视觉辅助、互动式学习软件、在线讲座等，以适应不同学术背景的学生的学习需求。

2. 学生的文化背景与学习习惯

学生的文化背景和所带来的学习习惯也极大影响其学习方式和教学模式的接受度。例如，不同文化背景的学生在对待集体学习和竞争方面可能有不同的偏好和反应。

（1）文化敏感的教学环境：创建一个文化敏感的教学环境，尊重和纳入各种文化元素。这包括了解和适应不同文化背景学生的特定需求和偏好，如考虑不同的交流风格和学习习惯。

（2）跨文化交流和合作：鼓励不同文化背景的学生之间的交流和合作，通过小组项目和讨论促进相互理解和尊重。这不仅有助于学生建立全球视野，还能提升他们的社交能力和团队合作能力。

（3）教育工作者的文化竞争力培训：为教师和教育管理人员提供文化竞争力培训，帮助他们更好地理解和响应不同文化背景学生的需求。培训内容可以包括跨文化交流技巧、多元文化教学方法和避免文化偏见的策略。

通过综合考虑学生的学术和文化背景，教育机构可以更有效地设计和实施教学计划，确保所有学生都能在包容和支持的环境中学习和成长。这种多样性的理解和适应不仅促进了教育公平，还增强了学生的整体学习体验和学术成就。

（二）学生需求与教学模式的匹配

1. 不同学生群体的学习需求

分析不同学生群体的具体需求，如速成课程、深入研究或灵活的学习时间等，是设计有效教学模式的关键。这要求教育者不仅要考虑教学内容，也要关注教学方式与学生需求的匹配。

（1）需求分析：进行详细的学生需求分析，了解不同群体的学习偏好、时间可用性和学习目标。例如，工作人士可能需要周末或晚上的课程，而全日制学生可能更倾向于密集的日间课程。

（2）灵活的教学安排：基于需求分析，提供灵活的教学安排和多样的课程格式，包括在线课程、夜校和加速课程等，以适应不同学生的时间和生活需求。

（3）课程内容的适应性：根据学生的学术背景和职业目标调整课程内容，例如为初学者提供基础课程，而对专业人士提供高级和专业化课程。

2. 个性化学习方案的设计与实施

为满足多样化的学生需求，个性化学习方案成为一种趋势。这包括为学生提供定制的学习路径，允许他们根据自己的兴趣、速度和学习目标选择课程和学习材料。

（1）定制学习路径：设计灵活的学习路径，允许学生根据自己的兴趣和职业目标选择课程。例如，通过模块化课程设计，学生可以选择他们感兴趣的特定模块进行学习，而不是遵循固定的课程计划。

（2）技术支持的个性化学习：利用教育技术，如适应性学习系统和智能教育平台，为学生提供个性化的学习体验。这些技术可以根据学生的学习进度和理解能力调整教学内容和难度，确保每位学生都能在最适宜的速度和深度上进行学习。

（3）持续的评估与反馈：实施持续的评估和反馈机制，确保学习方案符合学生的实际需求。通过定期的评估和调整，教育机构可以确保教学方法和内容持续适应学生的发展和需求变化。

通过这样的措施，教育机构可以更好地满足学生的个性化需求，提高教学的效果和学生的满意度。个性化学习方案的实施不仅可以提升学生的学习成效，还能增加学生的参与度和动力，从而推动更广泛的教育创新和改进。

（三）学生参与教学模式创新

1. 学生在教学改革中的角色与参与度

将学生纳入教学模式的设计和评估过程中，可以提升他们的参与度和对教学改革的接受度。学生作为教学改革的直接受益者，他们的参与可以提供宝贵的见解和反馈。

（1）学生咨询团体：建立学生咨询团体或委员会，让学生在教学计划和政策制定中扮演咨询和决策的角色。这有助于教学改革更加贴近学生的实际需求和期望。

（2）协作式教学设计：邀请学生参与课程设计的过程，如通过工作坊或设计思维会议，学生可以直接提出他们对教学内容、教学方法和学习资源的建议和需求。

（3）试点项目：在推广新的教学方法或技术之前，通过在小规模的学生群体中进行试点项目。学生的直接参与和反馈可以帮助教育机构评估新教学方法的有效性和可行性，并据此做出必要的调整。

2. 学生反馈对教学模式优化的作用

学生反馈是教学模式持续优化的重要组成部分。通过定期收集和分析学生的反馈，教育者可以调整和完善教学策略，以更好地满足学生的期望和需求。

（1）定期的反馈机制：建立定期收集学生反馈的系统，如通过在线调查、面对面会议、反馈箱等方式。这些反馈可以涵盖课程内容、教学方法、评估标准、教学资源的使用等多个方面。

（2）数据分析和应用：对收集到的学生反馈进行系统的分析，识别教学过程中的问题和学生的需求。利用这些数据来指导教学策略的调整，如改变教学方法、增加或减少某些课程内容、调整课程难度等。

（3）持续改进文化：培养教育机构内部一种持续改进的文化，鼓励教师和教育管理人员积极响应学生的反馈，不断寻找提升教学质量的机会。这种文化可以激发教师的创新精神，同时增强学生对教学改革的支持和满意度。

通过这些策略，教育机构不仅能够更好地适应学生的多样化需求，还能提高教学的整体效果和质量。学生的积极参与和反馈对于推动教学模式的创新和优化至关重要，为教育改革提供了方向和动力。

五、内部因素的协同作用

(一) 教育理念与师资力量的协同

教育理念指导下的教师培训与发展：现代教育理念强调学生中心、终身学习和创新能力的培养，这些理念应成为教师培训和专业发展的核心。通过定期培训和研讨，教师能够不断更新教学方法，以符合教育理念的要求。

教师创新实践对教育理念的反馈与完善：教师在教学实践中的创新尝试可以为教育理念的进一步发展提供实证支持。通过实施新教学策略，教师可以发现理念中的不足或新的可能性，进而推动理念的演化和完善。

(二) 教育理念与学生结构的协同

教育理念对多样化学生需求的响应：教育理念应体现对学生背景多样性的理解和尊重，通过提供多元化的学习路径和教学资源来满足不同学生的需求。这种教育理念的灵活性是响应学生多样性的关键。

学生反馈对教育理念的验证与改进：学生的实际学习体验和反馈是验证和改进教育理念的重要途径。学生的反馈可以帮助教育者了解哪些教学方法最有效，哪些理念需要调整，以更好地服务学生群体。

(三) 师资力量与学生结构的协同

教师对多样化学生群体的教学策略：教师需要根据学生的不同学术和文化背景制定相应的教学策略，这包括使用不同的教学方法和材料，以及调整课堂互动方式，以确保所有学生都能有效学习。

学生对教师教学方法的适应与反馈：学生的适应性和反馈是教师调整教学策略的重要依据。教师应鼓励学生就教学方法提供意见，以持续优化教学效果。

(四) 三者协同对教学模式创新的综合影响

三者协同作用下的教学模式优化：教育理念、师资力量和学生结构的有效协同可以极大地增强教学模式的创新和优化，这种协同作用确保教学活动既符合教育目标，又能满足学生的实际需求，同时激发教师的创新潜力。

实现教育质量全面提升的路径：通过强化教育理念的指导作用，提升师资队伍的专业能力，深入了解并响应学生的多样化需求，可以构建一个互相支持、相互促进的教育环境。这不仅优化了教学模式，还全面提升了教育质量，使其能够适应快速变化的全球教育需求。

通过这些策略，教育机构可以创建一个更加动态和互动的学习环境，最终实现教育的持续改进和创新。

第二节　外部因素：政策支持、社会需求和技术进步

一、引言

随着全球化和科技的快速发展，高等教育面临着前所未有的挑战与机遇。教学模式创新已成为高校适应这些变化的关键方式。传统的教学方法正在被重新评估和更新，以更有效地满足现代社会的教育需求和学生的多样化需求。

外部因素，包括政策环境、社会经济需求和技术革新，对教学模式的创新起着至关重要的作用。这些因素不仅为教学模式的创新提供了机遇，也带来了挑战，高校必须通过不断的教育实践更新和策略调整来响应这些外部变化。

本书旨在深入探讨外部因素如何影响高校的教学模式创新，特别是政策支持、社会需求和技术进步如何共同推动教育实践的革新。通过分析这些因素——

（1）政策支持：政府和教育主管机构的政策支持是推动教学模式创新的重要驱动力。政策可以为创新提供必要的资源，如资金、指导和法规支持，同时也可以设立标准和期望，引导高校朝着特定方向发展。

（2）社会需求：社会和经济的需求变化直接影响教育系统的目标和内容。例如，当前就业市场对于具备创新思维和跨学科能力的毕业生的需求增加，促使高校调整其课程和教学方法，以满足这些新兴的职业需求。

（3）技术进步：技术的快速发展提供了新的教学工具和平台，使得远程教育、在线学习和个性化学习成为可能。这些技术不仅改变了教学和学习的方式，也扩展了教育的边界和可能性。

研究这些外部因素对教学模式创新的影响不仅有助于理解当前教育改革的动态，也可以为教育决策者和学校管理者制定有效的教学创新策略提供理论和实践上的参考。通过这种方式，高校可以更好地适应外部环境的变化，提高教育质量和效率，同

时更有效地满足学生和社会的需求。

二、政策支持的影响

（一）教育政策的制定与实施

1. 国家教育政策的方向与目标

国家层面的教育政策通常旨在形成广泛的教育愿景和战略目标，如提高国民整体教育水平、促进教育公平、支持科技创新等。这些政策为教育改革提供了指导方向，确保教育发展与国家的经济和社会目标相一致。

通过制定全国统一的教育标准和课程指南，确保所有学校提供高质量的教育。此外，政策还可能包括提升教育设施和技术的现代化，以适应数字时代的需求。确保所有儿童和青少年，无论背景如何，都有平等接受高质量教育的机会。这可能包括对边远地区和弱势群体的教育支持，如提供奖学金、交通补助和特殊教育服务。鼓励和资助教育科技的研发，以及与教育相关的学术研究。政策还可能包括建立与行业合作的桥梁，以促进学术成果的实际应用，并为学生提供实习和就业机会。

2. 地方教育政策的具体措施

地方政府根据本地区的特定需求和条件制定教育政策，这些政策可能涉及学校建设、教师培训、学生福利等方面的具体措施。地方政策的灵活性和针对性使其成为实现国家教育目标的重要手段。

地方政府可制定政策支持新学校的建设或现有学校的设施升级，尤其是在人口增长快速或设施陈旧的地区。这些政策确保学校环境支持现代教学需求。提供持续的教师培训和职业发展机会，以提升教师的教学技能和专业知识。地方政策可能包括资助教师参加国内外研讨会、工作坊和进修课程。实施针对学生的福利计划，如免费或补贴的学校餐饮、健康检查、心理咨询服务等，以确保学生的身心健康，促进其学习和成长。

通过这样的层级化策略制定和实施，教育政策能够更加精确地满足国家和地方的需求，同时确保从宏观到微观层面的教育目标得以实现。这种结构确保了教育政策的有效性和适应性，使其能够应对不断变化的社会和技术环境。

（二）政策支持对教学模式创新的推动作用

1. 专项资金和资源的投入

政策通过提供专项资金支持教育创新项目，如数字化教学、课程开发、教学实验等，这些资金通常用于购买设备、培训教师或开展研究。资金的投入直接推动了教学模式的创新和实施。

通过专项资金，学校可以购买先进的教学设备和技术，如智能教室设备、学习管理系统（LMS）等，这些技术直接支持教学模式的现代化和数字化。资金还可以用于教师的进修和培训，特别是在新教学技术和方法的培训上。教师的技能提升是实现教学创新的关键因素。政策支持的资金可以帮助学校开展教学研究和试点项目，这些项目旨在测试和评估新的教学方法和模式，为更广泛的应用提供数据和经验。

2. 政策导向下的教学模式改革

政策还可以通过设定明确的改革目标和标准，如学生的技能培养、教学质量评估标准等，来引导学校进行教学模式的创新。这些政策导向有助于确保教学创新活动与国家和社会的需求保持一致。

明确的政策目标，如提高学生的批判性思维、创新能力或信息技术运用能力，为教学创新提供了具体的方向和标准。政策可以规定新教学模式的质量评估体系，包括学生的学习成果、教师的教学效果等，以监督和评价教学模式的实施效果。政策还可以设置激励机制，如奖励那些成功实施创新教学模式的学校和教师，或为创新成果提供认证和推广，以促进更多的教育机构和教育工作者参与教学创新。

政策支持通过提供必要的资金、资源和方向，为教育创新创造了有利的环境。这些政策不仅促进了教学方法和技术的更新，还帮助教育系统更好地适应经济和社会发展的需求，从而提高整个教育系统的效率和效果。通过这种方式，政策支持确保教学创新不仅是孤立的试验，而是成为持续的、系统的改进过程。

三、社会需求的影响

（一）现代社会对人才的需求

1. 社会经济发展对高素质人才的需求

随着全球化和技术革新，现代社会对高素质人才的需求日益增加。这些人才不仅需要具备深厚的专业知识，还要有能够适应快速变化社会的创新能力和良好的人际交往能力。

现代工作环境要求人才不仅精通一门专业，还需要了解其他领域的知识。例如，科技行业的专业人员除了技术知识外，还需掌握基本的商业和市场知识。在快速变化的市场和技术前景中，具有高度适应性和持续学习能力的人才更能胜任未来的工作。教育系统需要培养学生的自主学习能力和适应新变化的能力。随着团队工作和跨文化合作的普及，良好的人际交往能力和沟通能力成为必不可少的技能。这包括能够有效地在多元文化背景下沟通和协作。

2. 不同领域对专业技能和综合素质的要求

不同行业和领域对专业技能的需求各不相同，如技术行业重视编程和工程技能，而管理行业则可能更注重领导力和战略规划能力。此外，几乎所有领域都越来越重视个人的综合素质，包括批判性思维、团队合作和全球视野等。

技术行业不仅要求具备编程、数据分析和工程设计等技能，还期望员工能够跟进最新技术趋势，如人工智能、机器学习和物联网。在管理和商业领域，领导力、战略规划和决策能力被高度重视。同时，能力如创新思维、市场洞察力和客户关系管理也是此类职位的关键需求。除了专业技能，工作场所越来越看重员工的综合素质，如批判性思维、创造性问题解决、团队合作能力及全球视野。这些技能有助于个人在多变的工作环境中更好地适应和发展。

现代社会对人才的需求呈现出多样性和复杂性的特点，不仅要求人才具备深厚的专业技能，也需要他们拥有良好的综合素质和适应能力。教育系统和政策制定者需要针对这些变化制定相应的教育策略，以确保人才培养能够满足现代社会的需求。

（二）社会需求推动教学模式创新

1. 职业导向的课程设置与教学改革

为了满足社会对专业技能的需求，许多高校推出了职业导向的课程，这些课程旨在直接提升学生的就业能力。此类课程通常包括与行业标准和实际工作场景密切相关的内容。

职业导向的课程设计着重于实用技能和知识的传授，例如在工程课程中加入实际的项目管理和技术应用模块，或在商业课程中教授最新的市场分析技术。确保课程内容符合相关行业的专业标准和认证要求，通过引入行业专家参与课程设计和讲授，提高课程的行业相关性和权威性。随着行业需求的变化，定期更新课程内容，确保教学内容与最新的行业发展保持同步，如引入数字营销、人工智能应用等现代话题。

2. 校企合作与实习实践项目的实施

通过与企业的合作，高校能够为学生提供实习和实践的机会，这不仅帮助学生获得实际工作经验，还促进了教学内容与实际需求的对接。这种合作模式有助于学校及时了解和反映行业发展趋势和技能需求。

与行业内领先企业合作，为学生提供实习机会，使学生能在真实工作环境中应用在课堂上学到的知识，从而增强其职业技能和就业竞争力。开展与企业合作的项目驱动学习，例如让学生参与企业的实际项目，解决实际问题。这不仅提高了学习的实践性，还加深了学生对专业知识的理解和应用。邀请行业专家和企业领导人担任客座讲师或导师，为学生讲授最新的行业知识，分享行业经验，同时也提供职业指导和网络建设的机会。

通过这些创新的教学模式，高等教育机构不仅能更好地满足学生的职业发展需求，也能增强学生的实践能力和就业准备。社会需求的变化推动了教育内容和方式的不断革新，使教育更加贴近实际，更具前瞻性和适应性。

四、技术进步的影响

(一) 教育技术的发展

1. 在线教育平台与数字化学习资源

在线教育平台如 Coursera、edX 等提供了大量高质量的课程，这些平台使得全球学生都能够接触到顶级大学的教学资源。数字化学习资源如电子书籍、教学视频和互动模拟，为学生提供了丰富多样的学习材料，大大提高了学习的便捷性和效率。

通过在线教育平台，学生无论身处何地都可以访问到世界各地大学的课程和资源，打破了地理和经济的限制，使优质教育资源更加普及和平等。数字化学习资源支持个性化的学习路径和速度，学生可以根据自己的学习进度和兴趣选择适合的材料和课程，通过互动测试和模拟实验加深理解和掌握。在线平台和数字资源的另一优势是能够实时更新教学内容和提供即时反馈，帮助学生及时调整学习策略并提高学习效率。

2. 智慧教室与互动教学工具

智慧教室利用最新的信息技术，如自动化控制、实时数据分析和高效能通信系统，为传统教室环境提供了技术支持，增强了教学的互动性和灵活性。互动教学工具，如电子白板和互动投影，增强了课堂的动态性，支持多媒体内容的展示和学生的实时反馈。

　　智慧教室通过集成高科技设备和软件，如智能投影、自动考勤系统、学习管理系统（LMS）等，提高了教学效率和学生的参与度。互动教学工具使课堂活动更加生动有趣，学生可以通过触摸屏幕、虚拟现实等互动方式，直接参与学习过程，增强了学习体验。智慧教室的技术还可以收集和分析学生的学习数据，帮助教师了解学生的学习情况，根据数据做出更合理的教学调整。

　　教育技术的快速发展不仅改变了学习和教学的方式，还提升了教育的质量和效率。随着更多创新技术的融入，未来的教育将更加个性化、互动化和智能化，更好地满足学生和社会的需求。

（二）技术进步对教学模式创新的推动作用

　　数字化技术允许教师采用更为个性化和灵活的教学方法，如翻转课堂和混合学习，这些方法结合了线上自主学习和面对面的交互教学，有效提高了学习的主动性和参与度。虚拟现实（VR）和增强现实（AR）技术为教学带来了革命性的变化，尤其是在需要高度模拟的领域如医学和工程教育。这些技术提供了沉浸式学习体验，使学生能够在无风险的环境中进行实验和实践。

五、外部因素的协同作用

（一）政策支持与社会需求的协同

　　政策支持和社会需求之间的协同作用是教育创新和适应性发展的关键驱动力。这种协同确保教育系统不仅反映当前的经济和社会需求，而且能够预见并适应未来的变化。

1. 政策引导下的社会需求响应

　　教育政策通常作为社会需求变化的直接响应而制定。这些政策旨在通过更新教育体系来满足新兴的行业需求，从而支持经济增长和社会福祉。例如，随着科技行业的快速发展，政府推动 STEM（科学、技术、工程和数学）教育，以培养未来的工程师、科学家和技术专家。这种政策不仅应对了科技行业的即时人才需求，也为长远的经济发展奠定了基础。

2. 社会需求推动下的政策调整与优化

　　随着公众对某些问题的关注增加，如可持续发展、环境保护、健康和安全，教育政策必须进行调整以反映这些新的社会优先事项。例如,全球对气候变化的关注导致了对环境科学教育的更大需求。响应这一需求,教育政策可能增加相关课程的投入,鼓励学校开展更多关于可持续发展的教育项目。这不仅增强了学生的环境意识,也促进了跨学科学习,让学生能够从多个角度理解和处理环境问题。

这种政策与技术协同使教育政策能够保持动态更新,不断调整以适应社会的发展和需求变化。通过这种方式,教育系统不仅能够培养出符合当前市场需求的毕业生,还能够为学生提供解决未来全球性挑战所需的知识和技能。

(二)政策支持与技术进步的协同

政策支持和技术进步之间的协同作用对于推动教育领域的持续创新至关重要。这种协同不仅加速了新教育技术的开发和应用,还提高了教育政策的执行效率和效果。

1. 政策推动下的技术创新与应用

政府通过各种激励措施,如资金支持、税收优惠、研发补贴等,积极推动教育技术的创新和应用。这些政策不仅降低了科技公司和教育机构在研发和实施新技术时的经济风险,还加速了教育技术的市场推广和普及。例如,政府资助的项目可能包括开发在线学习平台和虚拟实验室,这些技术支持了远程教育的扩展,使教育资源能够超越地理限制,惠及更广泛的学生群体。

2. 技术进步对政策实施效果的增强

随着数据分析、云计算和人工智能等技术的发展,教育政策的实施变得更加精准和高效。这些技术提供了强大的工具,用于监控教育项目的进展、评估政策的影响以及优化资源配置。例如,高级数据分析工具可以帮助教育决策者分析学生的学习成效,从而对教育政策进行及时调整,确保每一项政策投资都能产生最大的教育回报。此外,技术进步也使得政策制定者能够实时获取反馈,快速响应教育需求的变化。

这种政策与技术的协同不仅增强了教育系统的适应性和创新能力,还确保了教育政策能够更有效地应对快速变化的全球教育挑战。通过这种协同,教育系统可以更好地利用技术进步来实现公平、高效和高质量的教育目标。

(三)社会需求与技术进步的协同

1. 社会需求引导下的技术开发与应用

社会对教育的需求不断演变,特别是对教育质量和可访问性的要求,这直接推动了教育技术的发展。在追求教育公平的过程中，特定技术解决方案被开发出来，以支持那些可能因地理位置偏远或身体条件限制而难以获得传统教育资源的学生。例如，互联网教育平台和可移动设备的应用使得远程教育成为可能，极大地扩展了教育的地理和物理界限。此外，为了满足残疾学生的特定需求，辅助技术如语音识别、屏幕阅读器和可调节界面等被集成到教学工具中，确保所有学生都能平等参与学习活动。

2. 技术进步满足社会对教育的多样化需求

随着技术的持续进步，教育的提供方式变得更加多样化和个性化，更好地满足了不同背景和需求的学生。人工智能（AI）的引入尤其在个性化学习方面展现了巨大潜力。AI技术可以分析学生的学习习惯、进度和偏好，从而提供定制化的学习资源和路径。例如，智能教学系统能够根据学生的反馈和测试结果动态调整课程难度和教学内容，确保每位学生都能在自己的最佳学习节奏下进行。此外，通过虚拟现实（VR）和增强现实（AR）技术，学生可以体验到沉浸式和交互式的学习环境，这些环境能模拟实际操作或复杂概念的可视化，从而提高学习的直观性和效果。

这种由社会需求和技术进步共同推动的协同作用，不仅在技术层面上创新了教育的传递方式，也在社会层面上推动了教育公平和质量的提升。这表明，教育技术的发展和应用越来越需要关注其社会价值和影响，确保技术进步能够服务于广泛而多元的教育需求。

（四）三者协同对教学模式创新的综合影响

教育的未来在很大程度上取决于政策、社会需求，以及技术进步如何协同工作来推动教学模式的创新。这种多方面的协同作用不仅加速了教学方法的演变，还确保了教育改革能够持续适应不断变化的全球环境。

1. 政策、社会需求和技术进步的协同促进

教学模式的创新通常需要政策的引导、社会需求的推动和技术的支持。例如，政策可以提供必要的资源和框架，社会需求定义教育目标的方向，技术进步提供实现这些目标的手段。当这三者有效协同时，可以创建一个动态的教育生态系统，其中新的教学方法和模式能够迅速发展并得到实施。这种协同作用确保了教育创新活动既符合社会经济的实际需求，又能有效利用最新的技术成果，从而优化教育资源的配置和使用。

2. 实现教学模式创新与教育质量提升的路径

教育机构应积极利用政策、社会需求和技术进步的协同作用来推动教学模式的创

新。具体方法包括以下内容。

（1）采用先进的教育技术：如利用 AI、VR/AR 和在线学习平台来增强学习体验和效果。

（2）实施符合社会需求的课程：开设与市场需求相对应的新课程，如可持续发展、数据科学等，确保教育内容的时效性和相关性。

（3）执行有力的政策支持：政府和教育机构应制定并执行支持教育创新的政策，如提供研发资金、优化教育法规、鼓励校企合作等。

通过这种协同作用，可以大大提高教育质量，增强学生的学习体验和满意度，并培养出能够适应 21 世纪挑战的毕业生。这不仅有助于学生个人的成长和成功，也能促进社会的整体进步和发展。

第三节　挑战与应对策略

一、引言

在全球化和技术飞速发展的今天，高等教育领域面临着前所未有的挑战和机遇。教学模式创新不仅是应对这些挑战的必需，也是提高教育质量和效率的关键。高校教学模式的创新涉及从传统的面对面授课到利用现代技术和方法进行混合或完全在线教学的转变。这种转变受到内部因素如教育理念、师资力量、学生需求和外部因素如政策支持、社会经济需求、技术进步的共同影响。

本书旨在探讨内部与外部因素如何共同影响高校的教学模式创新。研究的目的是识别并分析这些因素带来的挑战，同时评估它们对教学实践的具体影响。通过深入了解这些挑战，本书将为教育决策者提供制定有效教学策略和应对措施的参考，以确保教学模式能够适应不断变化的教育环境，满足学生的学习需求，提升教育成果。

探讨这些因素对教学模式创新的具体作用，将帮助教育机构更好地理解如何利用内部资源和适应外部压力，从而设计和实施更有效的教学模式。这对于推动教育的持续改进、提高学生满意度和学业成就具有重要的理论和实践意义。通过这种综合研究，高校可以为教师和学生创造更加富有成效和创新性的学习环境。

二、内部挑战与应对策略

（一）教育理念的挑战与应对

在高等教育领域，传统教育理念的固化是一大挑战。许多高校仍沿用过时的教学模式和评价系统，这限制了学生的创新思维和实践能力的培养。为了应对这一挑战，高校可以采取以下措施：

1. 教师培训和研讨会

高校可以组织教师参与各种培训和研讨会，以推广现代教育理念。这些活动鼓励教师接受并实施创新教学方法，如项目式学习、翻转课堂等，这些方法已被证明可以提高教学的互动性和实用性。这种培训不仅更新教师的教学技能，还帮助他们了解如何有效地激发学生的主动学习和批判性思维能力。

2. 教育理念与实际教学活动的有效连接

为了解决教育理念与实际教学活动之间的脱节问题，高校应建立起一种有效的连接机制。这可以通过定期的教学观摩和评估活动来实现，以确保教育理念在日常教学中得到实际应用。高校可以设立专门的教学质量监控小组，负责收集和分析教学过程中的反馈信息，确保教学活动与学校的教育理念保持一致，并根据实际效果进行必要的调整。

3. 创新教学模式的实施

除了传统的讲授方法，高校还应鼓励教师探索更多元化的教学方式，例如案例教学、协作学习和在线互动教学。这些方法可以提供更丰富的学习体验，并帮助学生在实际环境中应用所学知识。实施这些创新教学模式时，高校应提供相应的资源和技术支持，如现代化的教学设施和访问丰富教学资源的平台。

通过上述措施，高校可以有效地更新其教育理念，并促进教学方法的现代化，最终提升教育质量和学生的整体学习体验。这不仅有助于学生的个人发展，也能使高校在激烈的教育竞争中保持优势。

（二）师资力量的挑战与应对

师资力量的挑战主要表现为教师专业素养和对新教育技术的适应性不足。高校可以通过提供系统的教师培训计划，强化教师的专业发展。这包括定期的学术研讨、教学技巧工作坊，以及邀请教育领域的专家进行交流，开设讲座。

对于教师对新技术和教学模式的适应问题，高校应提供必要的技术培训，并创建教师互助小组。这不仅有助于技术的传播和学习，还能增强教师之间的合作和支持，共同分享教学创新的经验和成果。

（二）学生结构的挑战与应对

学生背景的多样化要求教育方案能够满足不同学生的需求。为此，高校需要设计多元化和个性化的教学方案，如根据学生的学习风格和兴趣设置课程内容和教学方法，以及提供差异化的学习资源。

此外，学生的参与度和学习动力不足也是教学中常见的问题。通过实施激励措施，如学习成就奖励、学习竞赛等，以及采用互动教学方法，如团队合作项目和实践活动，可以有效提升学生的学习积极性和参与度。

通过这些策略的实施，高校可以有效应对内部教育教学中的挑战，提升教育质量，促进学生全面发展。

三、外部挑战与应对策略

（一）政策支持的挑战与应对

高校在执行教育政策时，常面临着实际操作的困难，如政策理解不一、执行标准不明确等问题。为此，高校需要加强政策实施的监督与评估机制，确保教育政策的有效落地。这可以通过建立政策反馈渠道和定期的政策执行报告来实现。

此外，教育资源分配不均也是一大挑战。高校应通过合理配置资源，确保教育机会的公平，特别是加强对欠发达地区和边远学校的教育支持，以减少区域间的教育差距。

（二）社会需求变化的挑战与应对

社会需求的快速变化要求高校教育能够灵活应对。高校需要建立动态调整机制，及时更新课程设置和教学方法，确保教育内容与市场需求保持同步。这包括与行业专家合作，引入最新的行业知识和技能需求到课程中。

同时，高校与企业之间合作的深度不足也需要加以改善。通过加强校企合作，如共建实验室、实习基地，开展联合研究项目，可以共同培养符合市场需求的高质量人才，同时也为学生提供更多实际操作的机会。

（三）技术应用的挑战与应对

技术基础设施的建设成本高是限制其广泛应用的一个主要因素。高校可以通过争取公共和私人部门的投资，逐步完善校园的技术基础设施，同时合理规划和利用现有资源，如共享资源和设施，以降低成本。

针对教师与学生的技术适应能力不足的问题，高校应加强相关的技术培训，提供必要的技术支持和服务，确保教师和学生能够有效利用现代技术工具进行教学和学习。

最后，数据隐私与安全问题是技术应用中不可忽视的一环。高校需制定严格的数据保护政策，实施有效的安全防护措施，并定期进行安全检查和评估，以确保学生和教师信息的安全。

通过这些策略的实施，高校不仅可以有效应对外部挑战，还能在不断变化的教育环境中保持竞争力和相关性。

四、内部与外部因素的协同作用

（一）协同促进教学模式创新

教育创新不仅依赖于内部因素的优化，如教育理念的现代化、师资力量的强化以及学生结构的适应性改进，而且需要外部因素的有力支持。政策的引导和支持为教育改革提供了必要的框架和资源，社会需求的变化直接影响教育目标和内容的调整。同时，技术进步提供了新的教学工具和方法，使得教学模式可以更加多样化和个性化。这种内外因素的协同作用，促进了教育模式的持续创新和发展。

（二）综合应对策略

为了应对教育领域中不断变化的挑战，并最大化内部与外部因素的协同效应，高校需要制定全面的战略规划。这包括明确创新教育的目标，合理配置和协调内部资源（如人力、财力、信息资源）与外部资源（如政策支持、行业合作、技术投入）。同时，高校应建立一套定期的评估和调整机制，不仅监测教育创新的实施效果，还应对策略进行必要的调整，确保教育改革的可持续性和适应性，从而在动态变化的教育环境中保持竞争力和影响力。这种综合性的应对策略，能够有效地整合和利用各种资源和力量，推动教学模式的持续创新和优化。

第六章　高校教育模式的变革方向

第一节　以学生为中心的教学模式

一、引言

在传统教学模式中，教师主导的教学方式一直占据主导地位，学生往往扮演被动接受知识的角色。这种模式在信息传递效率方面具有一定优势，但在培养学生的批判性思维、创造力和自主学习能力方面存在显著局限。随着教育理念的演进和社会需求的变化，以学生为中心的教学模式逐渐兴起。这种模式强调学生的主动参与和经验学习，教师更多地扮演引导者和促进者的角色，从而更好地适应当代教育的需求。

探讨以学生为中心的教学模式的重要性，是理解现代教育改革的关键。这种教学模式不仅可以提升教育质量，还有助于学生全面发展。在这种模式下，学生能够根据自身兴趣和能力选择学习路径，增加学习的主动性和针对性。此外，它还促进了学生批判性思维和问题解决能力的发展，这些能力在现代社会中尤为重要。通过这种教学模式，可以实现教育的个性化和差异化，更好地满足不同学生的需求，从而推动社会整体的进步和发展。

二、以学生为中心的教学理念

（一）教育理念的挑战与应对

在高等教育领域，传统教育理念的固化是一大挑战。许多高校仍沿用过时的教学模式和评价系统，这限制了学生的创新思维和实践能力的培养。

1. 教师培训和研讨会

高校可以组织教师参与各种培训和研讨会，以推广现代教育理念。这些活动鼓励教师接受并实施创新教学方法，如项目式学习、翻转课堂等，这些方法已被证明可以提高教学的互动性和实用性。这种培训不仅更新教师的教学技能，还帮助他们了解如何有效地激发学生的主动学习和批判性思维能力。

2. 教育理念与实际教学活动的有效连接

为了解决教育理念与实际教学活动之间的脱节，高校应建立起一种有效的连接机制。这可以通过定期的教学观摩和评估活动来实现，以确保教育理念在日常教学中得到实际应用。高校可以设立专门的教学质量监控小组，负责收集和分析教学过程中的反馈信息，确保教学活动与学校的教育理念保持一致，并根据实际效果进行必要的调整。

3. 创新教学模式的实施

除了传统的讲授方法，高校还应鼓励教师探索更多元化的教学方式，例如案例教学、协作学习和在线互动教学。这些方法可以提供更丰富的学习体验，并帮助学生在实际环境中应用所学知识。实施这些创新教学模式时，高校应提供相应的资源和技术支持，如现代化的教学设施和访问丰富教学资源的平台。

通过上述措施，高校可以有效地更新其教育理念，并促进教学方法的现代化，最终提升教育质量和学生的整体学习体验。这不仅有助于学生的个人发展，也能使高校在激烈的教育竞争中保持优势。

（二）理论基础

以学生为中心的教学理念在当代教育中逐渐成为主流，其深受两大教育理论的影响：建构主义学习理论和人本主义教育理论。这些理论的核心原则强调个体主动参与和整体发展，对现代教育实践和策略制定具有重要的指导意义。

1. 建构主义学习理论

建构主义学习理论认为知识不是被动接受的，而是通过学生与其环境的相互作用主动构建出来的。学习被视为一个主动的过程，学生通过探索、实践和反思来获得新的理解和技能。在建构主义框架下，教师的角色转变为协作者和促进者，而非单纯的知识传递者。教师提供必要的资源和支持，设计开放的问题和情境，促使学生在探索中建立和调整自己的知识结构。这种理论支持的教学策略包括协作学习、问题基础学习和情境学习等，这些策略都强调在真实或仿真的环境中通过实际操作来学习。

2. 人本主义教育理论

人本主义教育理论强调教育应尊重每个学生的内在价值和潜能，主张教育应促进个人的全面发展。这包括情感、社会、身体和认知等各方面的成长。此理论倡导创建一个开放和支持性的学习环境，其中教育者更多地扮演引导者和支持者的角色。在这样的环境中，学生感受到被尊重和理解，更有可能表现出自主性和创造性。人本主义理论支持的教学方法包括自主学习、情感教育和反思实践。教育不仅仅关注知识的传递，更重视学生个性的发展和自我实现的过程。

通过融合这两大理论，以学生为中心的教学理念鼓励教育者重新思考教学目标和方法，确保教育活动不仅传授知识，更促进学生的全面成长和自主学习能力的提升。这种理念的实施有助于培养出能够适应快速变化社会和解决复杂问题的未来公民。

三、技术在以学生为中心的教学模式中的应用

（一）数字化学习平台

数字化学习平台提供了一个集成的环境，其中包括在线课程内容、互动工具、评估机制和学习进度追踪。这些平台使得学习变得更加灵活，学生可以根据自己的时间和节奏来学习，同时也能通过测试和即时反馈来评估自己的学习成果。其优势在于提高了学习的可达性和个性化，支持异步学习，且能够实现大规模的教育服务。

（二）智慧教室与互动技术

智慧教室利用最新的信息技术，如互动白板、学生响应系统（clickers）和 AI 驱动的教学辅助工具，来增强教学和学习的效果。这些教室通过高度的技术整合，提供一个富有互动性的学习环境，使学生能更主动地参与学习过程。

在智慧教室中，教师可以使用互动白板来展示动态的教学内容，而学生可以通过个人设备即时回答问题或参与投票，从而增加课堂的互动性和参与度。例如，使用学生响应系统可以即时收集学生对课程内容的理解和反馈，帮助教师调整教学策略。

（三）数据驱动的个性化学习

通过学习管理系统（LMS），教育机构可以收集学生的学习活动数据，如登录频率、作业提交时间和成绩等。这些数据经过分析后，可以揭示学生的学习习惯、进步速度和可能的挑战点。

基于收集的数据，教育者可以设计更符合个别学生需求的教学方案。例如，对于进展较慢的学生，可以推荐加强版的学习材料或额外的辅导课程；对于表现出色的学

生，则可以提供更高级的课程内容或扩展项目，以不断激发其学习兴趣和潜力。这种个性化的教育方法使得每位学生都能在适合自己的节奏和风格中学习，从而最大化学习效率和成果。

四、以学生为中心的教学模式的实施挑战

在高等教育领域，以学生为中心的教学模式正逐渐成为一种趋势。然而，这种教学模式的实施面临不少挑战，特别是在教师角色转变、学生适应能力培养以及教学资源与环境建设方面。

（一）教师角色的转变

传统教学模式中，教师主要扮演知识的传授者。而在以学生为中心的教学模式中，教师的角色需转变为学生学习的促进者。这要求教师不仅要传授知识，更要激发学生的学习兴趣，引导学生主动探索和解决问题。这种角色的转变，首先需要教师自身对教学理念和方法的重新认识与适应。

此外，实现这一转变还需要加强教师的培训与专业发展。高校应提供持续的教育技能培训，帮助教师掌握新的教学策略和技术，如合作学习、项目式学习等，以适应以学生为中心的教学需求。

（二）学生适应能力的培养

在以学生为中心的教学模式中，学生需要具备较强的自主学习能力。这意味着学生应能自我管理学习进程，识别和解决学习中遇到的问题。因此，高校需要通过各种教学活动，如翻转课堂、小组讨论等，来培养学生的自主学习能力。

同时，提升学生的参与度和积极性也是关键。教师可以通过设计互动性强的课堂活动，鼓励学生表达自己的观点，增加学生对学习内容的兴趣和投入度。这不仅有助于学生知识的吸收，还能培养他们的批判性思维和创造力。

（三）教学资源与环境的建设

实施以学生为中心的教学模式，需要高校在教学资源和环境上进行相应的配置和建设。首先，教学资源要充足，包括现代化的教学设施、丰富的学习材料和先进的技术工具，以支持教师和学生的教学活动。

此外，学习环境的建设也应适应新的教学模式。这包括创造一个开放、包容的学

习氛围,配置适合自主学习和小组合作的物理空间,以及提供稳定的网络环境,方便学生获取信息和进行在线学习。

总之,虽然以学生为中心的教学模式带来了许多教育改革的机遇,但其实施过程中也面临着不少挑战。通过持续的努力和改进,这种教学模式有望在高校中得到更广泛和有效的应用。

五、以学生为中心的教学模式的效果评估

以学生为中心的教学模式强调学生的主动参与和个性化学习,对教育质量和学生发展产生了显著的影响。评估这种教学模式的效果是确保其有效实施和持续改进的关键。

(一)学习效果与学生反馈

在高等教育中,对学习效果的评估是确保教育质量和持续改进的关键环节。有效的评估策略结合了定量和定性方法,以全面了解学生的学习进展和对教学方法的响应。

1. 学习效果的评估方法

(1)学生成绩和知识掌握情况

学习效果通常通过学生成绩来衡量,包括定期考试、课程作业、实验报告和最终项目。这些评估工具设计旨在测试学生对课程材料的理解和应用能力。定期的成绩评估不仅帮助教师监控学生的学习进度,也促使学生持续关注和改进他们的学习策略。

实际应用能力的测试,如实验操作、案例研究分析或模拟实践,特别重要,因为它们检验学生将理论知识应用于解决实际问题的能力。这种测试帮助学生建立从理论到实践的桥梁,是职业准备的关键部分。

(2)课程项目的表现

项目基础的评估可以提供对学生综合能力的深入了解,包括团队协作、创新思维和项目管理。通过课程项目,学生可以在实际和半实际的环境中展示他们的技能,这些环境更接近真实世界的工作情景。

2. 学生反馈的收集与应用

(1)满意度调查

学生对教学模式的满意度调查是评估教学效果的重要方面。通过在线问卷调查、面对面访谈或小组讨论,可以收集学生对课堂互动、教学内容和教学方法的看法和感

受。这些反馈对于教师调整课程结构和教学策略至关重要。满意度调查结果可以揭示学生的真实体验和需求，帮助教育机构发现潜在的问题区域并进行有针对性的改进。

（2）教学改进的反馈机制

设立有效的反馈机制，确保学生意见被听取并且被合理采纳。教育机构应鼓励教师和管理层定期审视学生反馈，将其作为教学改进和个人发展计划的一部分。结合学生的反馈与教学观察结果，教育机构可以更精准地调整教育策略，提升教学质量和学生满意度，最终实现提高整体教育效果的目标。

通过这样的综合评估和反馈系统，高校不仅能够测量和理解学习成果，还能够持续优化教育过程，确保教育活动能够满足学生的需求和期望，促进学生全面发展。

（二）教育质量与学生发展

教育质量的提升和学生综合素质的发展是以学生为中心的教学模式的核心目标。这种教学模式通过激励创新和批判性思维，不仅提高了教学质量，还促进了学生的全面发展。

1. 教育质量的评估指标

（1）课程设计的科学性

有效的课程设计应基于最新的教育研究成果和行业需求，确保教学内容的前沿性和实用性。科学的课程设计还包括合理的课程结构、学习目标的明确性和适宜的难度梯度，以支持学生的学习过程和知识构建。

（2）教学活动的有效性

教学活动应能够激发学生的学习兴趣和参与度。这包括使用互动教学法、案例分析、小组讨论等多样化的教学方法，以促进学生的主动学习和深入理解。有效的教学活动还应有助于学生批判性和创造性思维的培养。

（3）教学成果的持续性

持续性的教学成果意味着学生能够将所学知识和技能长期保持并应用于实际问题解决中。此外，教育的持续性还体现在学生能够在学习结束后继续进行自我教育和职业发展。

2. 学生综合素质的发展

（1）沟通能力和团队协作

教育应培养学生的沟通能力，使其能够有效表达思想和倾听他人观点。团队协作的培养则是通过小组项目和合作任务，使学生学会在团队环境中工作，理解团队动力和冲突解决策略。

（2）解决问题的能力

通过模拟真实世界的问题和挑战，教育可以提高学生的问题解决能力。这包括学习如何分析问题、提出解决方案并实施计划，这些都是职业成功的关键技能。

（3）领导力

通过学生会活动、领导力培训和学生组织的管理机会，高校可以帮助学生发展领导技能。领导力的培养不仅包括带领团队达成目标的能力，还包括决策制定、战略规划和道德判断能力的提升。

通过综合评估教育质量和学生综合素质的发展，高校可以全面了解以学生为中心的教学模式的成效，并同时根据评估结果不断调整教育策略，以实现教学质量的持续提升和学生潜能的最大化发展。总体而言，以学生为中心的教学模式通过一系列的评估机制，不仅能够确保教学质量的持续提升，还能够促进学生综合素质的全面发展。通过这些评估结果，教育机构可以进一步调整和优化教学策略，使教育更加符合学生的发展需要。

第二节　技术驱动的教学模式变革

一、引言

传统教学模式，通常以教师为中心，强调知识的传授和标准化考核。然而，这种模式往往忽视了学生个体差异和创造性思维的培养，导致教学效果和学生参与度的局限性。随着教育需求的多样化和学生背景的复杂化，传统教学模式已难以满足现代教育的需求。

此外，技术在教育中的作用日益凸显。从智能教学软件到在线协作平台，技术不仅改变了教学的方式，也提高了教学的可达性和效率。这些技术的引入为教育提供了新的视角和方法，使得教育更加个性化和互动性强。

探讨技术驱动的教学模式变革成为当今教育改革的重要议题。技术不仅能够提高教学效率，还能通过个性化学习路径、实时反馈机制等方式，显著提升教学效果和学生的学习体验。此外，以学生为中心的教学模式促进了学生主动学习的能力，更符合现代社会对创新人才的需求。

此类研究的意义在于，它帮助教育者和政策制定者理解技术如何有效地整合进教育体系中，以及这种整合如何影响教学效果和学生发展。通过这些研究，可以为未来的教育模式提供科学的依据和方向，确保教育变革能够更好地服务于学生的全面发展和社会的长远需求。

二、技术在教学中的应用

随着信息技术的迅速发展，教学方式也在不断创新。在线平台、智慧教室、虚拟现实和人工智能等技术的应用，极大地丰富了教学资源和方法，提高了教学的互动性和个性化水平。当前，最典型的技术模式即人工智能。大数据技术和人工智能（AI）在教育领域的应用正在彻底改变教学和学习的方式。这些技术不仅能处理和分析大量的学习数据，而且能够为教育者提供深入的洞察，以更精准地满足学生的个性化需求。

（一）大数据技术在教育中的应用

1. 学习数据的分析

大数据技术能够收集和分析学生在线学习平台上的交互数据，如登录频率、学习时间、作业提交情况以及测验成绩等。通过这些数据，教育者可以获得学生学习行为和成绩进展的全面视图。

2. 教学方法的调整

基于数据分析结果，教师可以识别出学生在哪些领域表现良好，哪些领域需要更多支持。例如，如果数据显示一个学习小组在某个特定的数学概念上表现不佳，教师可以有针对性地调整教学计划，增加相关概念的教学时间和练习。

3. 预测学生表现和早期干预

大数据分析还可以帮助教育者预测学生的学术表现，及早识别那些可能需要额外支持的学生。通过及时的干预措施，可以有效防止学生出现学习滞后或挫败感，从而降低辍学率。

（二）人工智能在教育中的应用

1. 个性化学习

AI技术通过分析学生的学习历程和表现，可以为每位学生提供定制化的学习资源和建议。这种个性化学习体验能够根据学生的具体需求调整学习内容的难易度和进度，从而提高学习效率。

2. 智能教学助手

AI 教学助手可以在任何时间为学生提供即时反馈和答疑，帮助学生解决学习过程中遇到的问题。这些助手可以模拟人类教师的交互方式，提供个性化的解释和补充材料，使学习更加连贯和深入。

3. 学习行为的洞察与优化

通过 AI 分析，教育者不仅可以了解学生在何时何地学习效果最佳，还可以探索最有效的教学策略。例如，AI 可以帮助分析视频教学的观看行为，优化视频内容的长度和格式，使其更加吸引学生。

通过大数据和 AI 技术，教育者可以实现更加精准和有效的教学管理，而学生也能享受到更加个性化和互动的学习体验。这些技术的综合应用不仅提高了教育质量，还极大地促进了教育公平，使每个学生都能根据自己的能力和速度取得最佳学习成果。

三、技术驱动教学模式的优势

（一）提升学习效果

技术的应用显著增强了学生的自主学习能力。通过访问在线课程和资源，学生能够在自己的节奏下探索和学习，这种自主性鼓励学生更主动地寻求知识。此外，技术使得知识的掌握和应用能力得到提升，因为学生可以通过模拟软件和虚拟实验等手段，将理论知识应用于实际情境中，从而更好地理解和记忆学习内容。

（二）增强教学互动

在技术驱动的教学环境中，师生之间以及学生之间的互动更加频繁和高效。通过在线讨论板、实时视频会议和其他协作工具，学生可以更容易地分享观点和解决问题。同时，技术还提供了即时反馈机制，如智能测验系统和个性化学习推荐，这些都有助于学生及时了解自己的学习进展，并获得有针对性的学习指导。

（三）扩展学习资源

技术的使用极大地扩展了学习资源的范围。学生不再局限于传统的教科书和课堂讲授，而是可以访问来自全球各地的丰富在线资源，包括电子书籍、教学视频和开放课程资源等。这种资源的广泛可用性使得学生能够利用世界各地的最佳教育资源，从而获得更全面和深入的学习体验。

（四）灵活学习方式

技术使得学习方式更加灵活。无论是时间上的灵活性，让学生可以根据自己的时间表进行学习，还是地点上的灵活性，让学生无论身在何处都能学习，技术的应用都让教育更加个性化和便捷。此外，通过适应不同学生的学习风格和节奏，技术还帮助实现了学习内容和方法的个性化定制，满足了不同学生的具体需求。

综上所述，技术驱动的教学模式通过提高教学效果、增强互动、扩展资源和增加学习的灵活性，极大地提升了教育的质量和效率，为现代教育带来了革命性的变化。

四、技术驱动教学模式的挑战

虽然技术驱动的教学模式带来了许多教育上的改进和优势，但其实施过程也面临着不少挑战。这些挑战需要通过合理的策略和持续的努力来克服。

（一）技术基础设施的建设

实施技术驱动的教学模式首先需要建设相应的技术基础设施。这通常涉及高昂的初期投资，包括购买先进的硬件设备、建立稳定的网络环境以及开发或购买必要的软件。此外，技术设备的维护和更新也需要持续的资金支持和技术人员的专业技能，以确保教学活动的顺利进行。

（二）师生技术素养

技术驱动的教学模式要求教师不仅具备传统的教学能力，还需要掌握新技术的应用。这可能需要教师进行额外的培训和学习，而这个过程可以是时间消耗大且挑战性强的。同时，学生也需要适应以技术为基础的学习方式，包括学习如何有效使用在线资源、管理数字学习进度等。

（三）数据隐私与安全

在技术驱动的教学模式中，大量的学习数据被电子化管理和分析。这带来了数据隐私和安全的重大挑战。学校和教育机构必须确保这些数据的安全，防止数据泄露或被非法访问。此外，确保合理合法地使用学生数据，遵守相关的隐私保护法律和规定，是每个教育机构都必须面对的问题。

（四）教学模式的转变

从传统教学模式向技术驱动的教学模式转变，不仅是技术上的挑战，更是文化和观念上的改变。这需要教师、学生及其家长调整他们对教育的期望和理解。教学设计和实施的方式也需要重新考虑，以适应新技术的引入和新教学方法的实施。

总体而言，尽管技术驱动的教学模式面临诸多挑战，但通过持续的努力和适当的策略，这些挑战是可以被克服的。同时，这种教学模式的潜在好处使得探索和解决这些挑战变得非常有价值。

五、应对策略与实施建议

在实施技术驱动的教学模式过程中，面对众多挑战，采取有效的应对策略和实施建议显得尤为重要。

（一）加强技术培训与支持

为了确保教师和学生能够有效利用新技术，提供系统的技术培训是必不可少的。这包括定期的培训工作坊、在线教程和一对一的辅导，以帮助教师掌握新工具和教学法。同样，学生也需要相应的指导和支持，帮助他们熟悉数字学习平台和工具的使用，确保他们能够充分利用技术进行学习。

（二）增加技术投入与维护

技术设施的建设和维护需要充足的资金支持。教育机构应合理规划和分配教育经费，投资于高质量的技术设备和软件。此外，建立一个持续的技术维护和更新机制也是必要的，以确保所有技术设备和系统都能正常运行，并与最新的技术保持同步。

（三）保障数据隐私与安全

数据隐私和安全是技术驱动教学中不可忽视的问题。教育机构需要制定严格的数据保护政策，并确保所有涉及学生信息的系统都符合国家和地区的法律法规。此外，实施有效的网络安全防护措施，如使用加密技术、定期更新安全协议等，也是保护教育数据不被未经授权访问的关键步骤。

(四) 促进教学模式的平稳过渡

从传统教学模式向技术驱动的教学模式过渡，需要时间和渐进的策略。教育机构可以逐步引入新技术，首先在某些课程或活动中试行，然后根据反馈进行调整。同时，应鼓励教师进行教学创新和实践，提供试验新方法和工具的自由和资源支持，以促进教学方法的多样化和个性化。

通过实施这些策略，可以有效地应对技术驱动教学模式带来的挑战，促进其在教育中的广泛应用，从而提高教学质量和学生的学习效果。

第三节　教学评估与反馈机制的创新

一、引言

在传统的教育体系中，教学评估和反馈机制往往依赖于标准化考试和定期的成绩报告。这种方法虽然为教学效果提供了一定的量化指标，但存在明显的局限性。首先，它可能导致学生过分关注分数而非学习本身，忽视了学习过程和深度理解的重要性。其次，传统的反馈机制通常反馈周期长，难以实时调整教学策略，影响教学的即时改进。

随着教育需求的变化和技术的发展，对教学评估和反馈机制进行创新变得尤为必要。创新的教学评估与反馈机制能更好地适应学生多样化的学习需求，支持个性化学习路径，从而提升教育的有效性和包容性。

探讨教学评估与反馈机制的创新对于理解其在现代教育中的作用至关重要。通过引入更灵活和多元化的评估工具，如基于项目的评估、同行评审和自我评估等，可以提供更全面和真实的学习成果反馈。此外，技术的应用，如实时数据分析和反馈系统，可以极大地缩短反馈周期，提供更具针对性和时效性的教学调整。

这些创新对教学质量的提升和学生个人发展具有显著的影响。它们不仅可以提高学生的学习动力和参与度，还可以帮助教师更有效地识别和解决教学过程中的问题，从而促进教学方法和学习策略的持续改进。通过这种方式，教学评估与反馈机制的创新能够为提高教育质量和促进学生全面发展提供强有力的支持。

二、教学评估的创新

（一）多元化评估方法

在现代教育中，采用多元化的评估方法能更全面地衡量学生的学习成效，同时鼓励学生从不同角度学习和成长。形成性评估和总结性评估的结合为学生提供了持续的学习反馈和最终的学习成果评估。形成性评估，如同行评审、自我反思及教师的即时反馈，帮助学生在学习过程中识别改进点。总结性评估则在学习周期结束时评估学生的知识掌握和技能发展，如期末考试和最终项目提交。

此外，项目式评估和基于表现的评估重视学生的实际操作和创造能力，而非仅仅依赖传统的笔试成绩。这类评估鼓励学生应用所学知识解决实际问题，促进批判性思维和解决问题的能力。

（二）技术驱动的评估工具

技术的进步为教学评估提供了新的工具和平台。在线评估平台如 Quizlet 或 Google 表单，允许教师快速创建和管理测验，学生可以在线完成，系统自动记录和分析结果。这些工具简化了评估过程，同时提供了丰富的数据支持教师做出教学决策。

数据分析与智能评估系统利用学生的学习数据，通过算法分析预测学生的学习趋势和潜在困难，为教师和学生提供定制化的反馈。这种智能系统能够实时调整教学内容和方法，更好地适应学生的个别需要。

（三）个性化评估方案

个性化评估方案考虑到每个学生的独特需求和学习速度，允许教师为每位学生设置具体的学习目标和路径。这种评估方案通常需要与学生进行充分的沟通，了解其兴趣和长处，据此设定合适的学习目标。

评估标准的动态调整是个性化评估的一个重要方面。随着学生能力的提高或学习需求的变化，评估标准可以相应调整，确保评估过程既具有挑战性又不失公平性。这种灵活性鼓励学生在自己的最佳状态下学习，从而使学习效果达到最佳状态。

通过这些创新的教学评估方法和工具，可以更有效地监测和促进学生的学习进展，同时提高教学活动的质量和效果。

三、反馈机制的创新

（一）实时反馈与改进

实时反馈是提升教学质量和学生学习体验的关键。通过即时反馈工具，如教育应用程序中的互动问答、即时投票系统等，教师可以快速了解学生对课程内容的理解和掌握情况。这些工具不仅适用于课堂内，也可以扩展到课堂外，通过在线平台进行知识点的复习和测验，提供持续的学习支持。

此外，即时反馈机制允许教师根据学生的反馈实时调整教学策略，如重新解释不清楚的概念或增加更多实践活动，以更好地满足学生的学习需求。

（二）多渠道反馈收集

有效的反馈机制应包括来自多个渠道的意见，这不仅限于学生和教师，也应包括家长等教育相关者。结合线上线下的反馈收集方式可以更全面地收集反馈信息，如利用在线调查工具收集学生和家长的意见，结合面对面的会议或访谈了解更深层次的反馈。

通过多方参与的反馈机制，教育机构可以获得更广泛的视角，包括学生的学习体验、家长的期望以及教师的教学反思，从而更全面地评估和提升教育质量。

（三）反馈结果的应用

收集的反馈应用于教学调整和课程设计中，以确保教育活动能够持续改进并满足学习者的需求。基于反馈的教学调整包括修改教学方法、调整课程内容的难度、增加或减少课程活动等。这些调整应根据学生的反馈进行，确保教学活动既能挑战学生也能鼓励他们。

同时，反馈结果还应被用来指导未来的课程设计。例如，如果多数学生反映某个模块特别有帮助，该模块可以在未来的课程中被进一步强化和扩展；反之，如果某部分内容持续收到负面反馈，可能需要进行重构或替换。

通过这些创新的反馈机制，教育者可以更精确地满足学生的需求，提升教育的效果，并不断优化教学过程和内容。

四、技术在评估与反馈中的应用

（一）在线评估平台

在线评估平台通过提供便捷、灵活的评估工具，使教师能够有效地管理和实施学生的评估过程。这些平台的功能包括创建定制的测试和问卷、自动化的分数计算、及时的反馈提供等。在线评估平台可以迅速分析学生提交的答案，即时提供成绩和反馈，极大地提高了评估效率。此外，它们还支持多种媒体格式，如视频、图像和音频，使得评估内容更加丰富和互动。Kahoot！是一个广受欢迎的在线评估工具，它通过游戏化的方式进行学生知识的测试，使得学习过程既有趣又富有教育意义。教师可以根据课程内容设计问题，学生则通过在线平台进行答题，实时看到排名和反馈，这种即时的竞争和奖励机制极大地提升了学生的参与度。

（二）数据分析与智能评估

数据分析和人工智能（AI）技术在教学评估中的应用，为教育提供了深入洞察和个性化的教学策略。通过收集学生在在线平台上的互动数据，如登录频率、作业提交时间、测验成绩等，数据分析工具可以帮助教师理解学生的学习习惯和进展。AI 技术则可以通过算法模型分析学生的学习成果，预测学生的学业表现，甚至识别出可能导致学习困难的模式。此外，AI 还能够根据学生的学习表现和偏好提供个性化的学习资源和建议。

（三）互动反馈工具

互动反馈工具使得教师与学生之间的沟通更加及时和有效。互动反馈这类软件允许学生即时向教师提出问题或反馈，教师也可以快速回应。这种即时互动提升了课堂的动态性和学生的满意度。Socrative 是一个互动反馈工具，允许教师实时创建测验和投票，学生可以通过手机或电脑参与。这种方式不仅增加了课堂的互动性，还帮助教师即时了解学生对课程内容的掌握情况，以便及时调整教学策略。

通过这些技术的应用，教育评估和反馈机制变得更加高效、准确和个性化，极大地促进了教学和学习的质量。

五、教学评估与反馈机制的优势

（一）提升教学质量

教学评估与反馈机制的建立和实施是提高教学质量和确保教育有效性的关键措施。这一机制不仅帮助教师及时识别和解决教学过程中的问题，而且通过动态调整教学策略，有效提升学生的学习体验和成果。

1. 及时发现和解决教学问题

（1）实时评估的重要性

通过实施实时评估，如课堂观察、学生反馈收集以及分析学生的作业和测试结果，教师可以快速识别学生对特定概念的理解程度。这种评估方法允许教师及时发现那些学生理解不充分的部分，从而进行有针对性的教学调整。

（2）教学方法的及时调整

当发现学生对某些概念理解困难或教学方法不适用时，教师可以立即调整教学策略。例如，如果学生在解决问题的方法上存在困难，教师可以增加更多实例演示或者采用小组讨论的形式，帮助学生更好地理解和应用这些概念。

2. 动态调整教学策略

（1）基于反馈优化教学计划

利用学生的反馈和学习数据，教师可以持续调整教学计划和教学方法，使之更加贴合学生的学习需求和偏好。这种基于反馈的调整不仅针对教学内容的深度和广度，也涉及教学方式和学习活动的设计。

（2）提高教学互动性和课程吸引力

通过动态调整，教师可以提高课程的互动性和实用性，增强学生的学习动力。例如，教师可以根据学生的兴趣和职业目标引入相关的项目或案例研究，或者使用技术工具如在线讨论板和互动投票系统，使学生更积极地参与学习过程。

教学评估与反馈机制的有效运用不仅能及时发现和解决教学问题，还能通过持续的动态调整，提升教学质量和学生学习效果。这种机制的成功实施需要教育机构提供适当的支持和资源，例如培训教师进行有效的评估和反馈收集，以及提供必要的技术工具来支持这些活动。通过这种系统的努力，教育质量和学生满意度将得到显著提升。

（二）增强学生学习效果

有效的评估和反馈机制是提高学生学习成效的关键工具。它们不仅增强学生的学习动力，还有助于提升学生的自我监控能力和学习成效。

1. 及时且具体的反馈

（1）自我认识的增强

提供及时且具体的反馈可以帮助学生了解自己在学习过程中的表现，包括他们的强项和需要改进的区域。这种反馈应具体到任务或技能，而不仅仅是一般的评价，使学生能够准确地识别出哪些具体技能或知识点需要更多的努力。

（2）提高学习积极性

当学生看到自己的进步和成功时，他们的学习积极性自然会提高。具体的反馈让学生感受到自己的努力得到了回报，同时指出了实现进一步改进的具体途径。

2. 明确的学习目标和进度

（1）目标导向的学习

清晰的学习目标对学生来说是一个强大的动力。评估和反馈机制应帮助学生明确他们的短期和长期学习目标。这种明确性有助于学生集中精力在重要的学习活动上，从而优化他们的努力和资源。

（2）有效的时间管理

通过持续的进度反馈，学生可以更有效地管理自己的学习时间和资源。了解自己在课程或模块中的位置可以帮助学生调整学习计划，以适应即将到来的评估或复杂的学习任务。

3. 实施策略

（1）多样化的评估工具

为了全面评估学生的学习成果，应使用多样化的评估工具，包括自我评估、同伴评价、项目作业和传统的考试。这些多样化的方法可以从不同的角度捕捉学生的学习状态，提供更全面的反馈。

（2）建立反馈循环

学校和教师应建立一个有效的反馈循环，定期收集学生的反馈并据此调整教学策略。这种循环不仅包括课堂内的活动，还应扩展到课后辅导和在线互动中。

通过这些策略的实施，学生不仅能够获得必要的支持来优化他们的学习过程，还能够在教育经历中发展必要的自我指导能力。这种提升的学习效果最终将引领学生获得更高的学术成就和更全面的个人发展。

（三）支持个性化教学

个性化教学是现代教育的一个核心趋势，目标在于调整教育体验，以适应每个学生的独特需求和学习风格。评估和反馈机制在这一过程中扮演着至关重要的角色，为教师提供了必要的信息来定制教学策略和内容。

1. 基于数据的学生分析

教师可以利用学生的学习数据，如考试成绩、作业提交和在线学习行为，来了解每位学生的学习进度和偏好。这种分析帮助教师识别学生的强项和弱点，从而提供个性化的学习路径和资源。适应性学习技术能够根据学生的反应自动调整教学内容和难度。这种技术通过算法来分析学生的答题情况和学习节奏，然后提供最适合该学生的学习材料，从而提高学习效率。

2. 个性化的教学计划

教师可以根据学生的具体需求调整课程内容的深度和广度。例如，对于理解能力较强的学生，教师可以提供更深入的材料和更复杂的问题，而对于需要额外支持的学生，则可以提供更多的基础知识和步骤性指导。

同时，提供多种形式的学习资源，如视频讲解、互动模拟和文本材料，以适应不同学生的学习风格。例如，视觉学习者可能更偏好图表和视频内容，而言语学习者则可能从阅读和讨论中受益更多。

3. 特殊需求的个性化支持

对于有特殊教育需求的学生，个性化教学尤其关键。教师需要根据这些学生的特定情况调整教学方法和评估标准，如使用特殊的教学辅助工具或调整课堂设置，确保这些学生也能有效参与学习过程。为所有学生提供定期和及时的反馈，特别是那些有特殊学习需求的学生。通过持续监控他们的进展和调整教学策略，可以确保每位学生都能在最适合自己的条件下获得最佳的学习效果。

通过这些策略的实施，教育者可以更好地满足学生多样化的学习需求，从而提高教育质量和学生满意度。个性化教学不仅提升了学生的学习效率，还有助于培养学生的自主学习能力和终身学习的习惯。总之，教学评估与反馈机制通过提升教学质量、增强学生学习效果以及支持个性化教学，极大地提升了教育过程的效率和效果，使教育更加符合现代社会的需求。

六、教学评估与反馈机制的挑战

(一) 技术应用的挑战

随着技术在教育领域的广泛应用,其在实施教学评估和反馈机制中也面临着挑战。首先,高成本的技术设备及其维护成本是一个重要问题。尤其对于资源有限的教育机构来说,初期投资和持续的技术支持费用可能是一大负担。

此外,技术设施的普及与更新也是一大挑战。随着技术的快速发展,保持教学工具和平台的现代性需要定期的更新和替换,这不仅涉及财务成本,也包括实施和培训的时间成本。

(二) 师生适应能力

新的评估工具和反馈机制的引入需要教师和学生的适应与学习。对于教师而言,他们需要掌握如何有效使用新的评估工具,这可能需要额外的培训和实践,而这一过程可能会遇到时间不足或缺乏足够支持的问题。

对于学生来说,新的反馈机制可能会改变他们接收和处理反馈的方式,需要时间去适应这种改变。例如,从传统的面对面反馈转变为实时的数字反馈,可能会影响一些学生的反馈接受和利用效率。

(三) 数据隐私与安全

在使用技术进行教学评估和反馈的过程中,学生的评估数据的保护与管理是一大挑战。教育机构必须确保所有学生信息的安全,防止数据泄露或被非法访问。

此外,网络安全与隐私风险是不可忽视的。随着教育数据量的增加,如何确保这些数据在传输和存储过程中的安全,是教育机构必须面对的技术挑战。这包括对网络安全措施的投资和管理,确保所有系统都具有足够的安全防护。

综上所述,虽然教学评估与反馈机制的创新带来了许多优势,但其实施过程也存在不少挑战。通过对这些挑战的有效管理和解决,可以确保评估与反馈机制更加高效和安全地服务于教学和学习。

第七章 创新教学模式的实施策略

第一节 教师角色与能力的转变

一、引言

在传统教学模式中，教师主要扮演知识的传递者和权威的角色，负责将知识信息直接传授给学生。这种模式下，学生通常是被动的接收者，教师的角色固定且单一。然而，随着教育理念和技术的发展，创新教学模式如项目式学习、翻转课堂及技术驱动的个性化学习等开始兴起，这些模式强调教师与学生之间的互动，以及学生主动学习的重要性。在这些模式下，教师的角色逐渐转变为引导者、协调者和启发者，这种转变对教师的教学方法和专业发展提出了新的要求。

探讨教师角色和能力的转变至关重要，因为这直接影响到教学质量和学生的整体发展。随着教育环境的变化，教师不仅需要掌握传统的教学技能，更需要能够运用新的教育技术和方法来激发学生的学习潜能和创造力。这种角色的转变要求教师持续进行专业发展和学习新的教学策略，以适应日益变化的教育需求。同时，教师角色的转变也带来了提高教学质量和促进学生全面发展的机会，有助于培养学生的批判性思维、问题解决能力以及终身学习的能力。因此，研究并理解这一转变的影响对于促进教育创新和提升教育效果具有重要的实际意义。

二、教师角色的转变

（一）从知识传授者到学习促进者

1. 传统角色：知识传授者

在传统教育模式中，教师的角色主要定位于知识的传递者，负责向学生讲授课程内容，确保他们能够接收并记忆大量信息。这种教学方式通常是单向的，主要通过讲座和笔记传授知识，教学活动侧重于标准化的测试和评估来测量学生的学习成效。在这个框架下，学生的角色通常被动，被要求吸收尽可能多的信息，而对于培养学生的主动性、创造力及批判性思维的重视相对较少。此外，这种模式下的教育往往忽视了学生个体差异，将所有学生的学习过程和评价标准一概而论。

2. 新角色定义：学习促进者

随着教育模式的不断演变，教师的角色也在逐渐向学习促进者转变。在这一新角色中，教师不再只是简单的信息传递者，而是转变为激励和支持学生主动学习的引导者和协作者。这种变化意味着教师需要采用更多的互动性和探究性教学方法，如小组讨论、项目工作、实验设计和案例研究，这些活动旨在激发学生的好奇心和探究欲，促进他们的批判性思维和问题解决能力。

教师将课堂变为一个开放的学习环境，鼓励学生提出问题、讨论观点及自主探索未知领域。教育者重视构建学生之间以及师生之间的协作关系，以促进知识的深层理解和应用。通过实践活动和反馈，帮助学生理解学习内容与现实世界的联系，增强学习的实用性和相关性。

在学习促进者的角色下，教师根据每位学生的学习风格、兴趣和能力，调整教学策略，提供个性化的学习路径和资源。利用技术工具收集学习数据，分析学生表现，从而更精确地满足每个学生的学习需求。

这种角色的转变不仅提高了教学的互动性和学生的参与度，还有助于学生在理解复杂概念和发展关键技能方面取得更大的进步。通过这种新的教学方法，教育者不仅传授知识，更重要的是培养学生成为终身学习者，能够不断适应不断变化的世界。

（二）从控制者到指导者

1. 控制课堂的传统方式

在传统的教学环境中，教师通常扮演课堂的控制者角色。这种模式中，教师决定教学的节奏、内容和方法，而学生的角色通常是接受知识的容器，较少参与到教学决策中来。这种方法强调教师的权威和课堂纪律，旨在通过标准化的教学流程确保教学目标的完成。然而，这种做法往往忽视了学生个性化需求，可能抑制学生的创造性思维和自主学习的动力。

2. 引导学生自主学习的新方式

现代教育越来越强调教师作为学习的引导者和支持者的角色，倡导一种更为开放和协作的学习环境。在这种教学模式中，教师不再是信息的唯一来源，而是成为学生探索知识旅程中的伙伴和支持者。教师提供必要的资源和环境，激励学生根据自己的兴趣和能力进行主动学习。

教师整合和提供多样化的学习材料，包括数字媒体、在线课程、实体书籍等，支持学生根据个人学习风格选择最适合的学习资源。教师通过提出开放式问题和创设情境，鼓励学生批判性地思考和自主探索答案。这种引导不仅帮助学生构建知识，还培养他们的研究能力和解决问题的技巧。教师促进学生之间的合作学习，通过小组讨论、合作项目等形式增强学生间的互动和沟通。同时，提供及时、具体的反馈，帮助学生认识到自己的进步和需要改进的地方。

3. 教育目标的转变

从控制者到指导者的转变不仅改变了教师与学生的互动方式，也重新定义了教育的目标。教育的核心从简单地传授知识转变为培养学生的终身学习能力、创新思维和社会互动技能。这种教学模式的实施有助于培养出能够自主学习、适应快速变化世界的未来公民。

（三）从独立工作者到合作伙伴

1. 传统的独立教学模式

在传统的教育体系中，教师往往作为独立工作者，负责自己的课程设计和实施，与同事之间的交流和合作相对较少。这种模式中的教师独立承担教学和学生评估的责任，很少涉及团队合作或跨学科的项目。教师个人负责课程内容的设计和课堂管理，教学活动由单一教师全权掌握。由于工作的独立性，教师之间的资源共享和策略交流不够广泛，每位教师可能需要自行解决教学中遇到的问题。

2. 与学生、同事和社区合作的新模式

随着教育理念的进步和合作学习的推广，现代教育实践中，教师越来越倾向于与学生、其他教师及社区成员建立合作关系。这种模式不仅促进了教师之间的资源和知识共享，还扩展了教学的边界，使教育更加丰富和多元化。教师之间的合作使得跨学科的课程开发成为可能，通过整合不同学科的知识，为学生提供更为全面的教育体验。通过团队合作，教师可以共享教学资源和策略，从同事那里学习新的教学方法或共同解决教学难题。与社区的合作允许学校利用外部资源，如当地企业、公共图书馆或社区中心，为学生提供实践机会和生活技能教育。现代教育模式中，学生不再仅是被动

的知识接受者，而是教学过程中的主动参与者。教师与学生的关系更加平等，共同探索知识，促进学生自主学习和批判性思维的发展。

3. 支持教师角色的转变

为了适应这些角色的转变，教师需要接受持续的专业发展培训。包括以下方面。

（1）团队合作和领导力培训：帮助教师有效地在团队中工作，领导或参与跨学科项目。

（2）技术和资源利用：提供必要的技术培训，使教师能够有效利用数字工具和网络资源，促进教育活动的多样化和个性化。

（3）社区参与策略：培训教师如何与社区互动，包括项目设计和合作协议的建立。

这种从独立工作者到合作伙伴的转变极大地丰富了教育实践，不仅改善了教师的工作环境，也优化了学生的学习体验和成果。通过这种合作模式，教育系统能够更好地应对快速变化的社会需求，培养出能够适应未来挑战的学生。

三、教师能力的转变

（一）技术能力的提升

随着技术在教育领域的快速发展和普及，教师的技术能力成为适应新教学环境的关键因素。为了有效地融入现代教学实践，教师需要掌握一系列先进的教育技术，并能熟练运用这些技术来提升教学质量和学生的学习体验。

首先，教师应该熟悉并掌握使用智能教室设备，如互动白板和学生响应系统，这些设备可以极大地增强课堂互动和学生参与度。此外，熟练使用各种在线学习管理系统（LMS），如 Moodle 或 Blackboard，对于管理课程内容、跟踪学生进度、评估学生表现及进行在线互动等都是不可或缺的。这些系统不仅简化了教学管理过程，还为学生提供了灵活的学习路径。

教师还需要熟练运用各种互动教学工具，这些工具可以通过增加游戏化元素和实时反馈来激发学生的学习兴趣和参与感。通过这些平台，教师能够创建一个更为动态和参与性的学习环境，促进学生的积极学习。

除此之外，教师应能有效利用云端文档和在线协作工具，如 Google Docs 和 Microsoft Teams，这些工具支持教师与学生进行实时的协作和沟通，极大地增强了课堂的互动性和学生的协作学习体验。对于虚拟现实（VR）和增强现实（AR）等较新技术的掌握，也可以使教学活动更加生动和具有沉浸感，帮助学生以全新的方式理解复杂概念。

总之，教师提升技术能力是适应现代教育要求的必要步骤。通过学习和运用这些先进的教育工具和平台，教师不仅能够提高自己的教学效率，也能极大地丰富和优化学生的学习经历，确保他们能在技术驱动的学习环境中成功。

（二）创新教学方法的掌握

为了更有效地促进学生的主动学习和批判性思维，教师需要掌握并实施一系列创新的教学方法。这些方法，如翻转课堂、混合学习和项目式学习，都旨在改变传统教室的动态，将学生置于学习过程的中心，从而激发他们的学习潜力和主动性。

1. 翻转课堂

在翻转课堂模式中，传统的课堂教学内容和家庭作业的角色被颠倒。学生在家中通过视频讲座、阅读材料或其他在线资源自学新概念，而在课堂上，则专注于讨论、项目工作和问题解决。教师的角色转变为指导者和协助者，他们需要精心设计课堂活动，确保这些活动能够加深学生对家庭自学材料的理解和应用。有效地组织翻转课堂需要教师能够评估和选择合适的预学习材料，同时设计互动性强的课堂活动，促进学生的批判性思维和协作能力。

2. 混合学习

混合学习模式结合了在线学习与传统面授教学的优点，提供了更大的灵活性和个性化学习机会。在这种模式下，教师需要有效管理线上与线下的学习活动，确保二者之间有机结合，互为补充。管理混合学习环境中的学生互动尤为重要，教师需要利用技术工具如讨论版、实时反馈系统和协作软件来维持学生的参与度和互动质量。此外，教师还需要跟踪学生的在线学习进度，确保线上学习内容与课堂教学相匹配。

3. 项目式学习

项目式学习强调通过实际项目让学生解决复杂问题，以此来发展其实际操作能力和解决问题的能力。在这种教学模式下，教师的任务是指导学生如何规划和执行项目，如何进行团队协作，以及如何进行批判性思考和自我反省。成功的项目式学习需要教师能够提供适当的资源，支持学生进行探索，同时设置清晰的评估标准来衡量项目的成功与否。

通过掌握这些创新教学方法，教师不仅能够提供更丰富多彩的学习体验，还能更有效地满足学生多样化的学习需求，最终提高学生的学习成果和满意度。

（三）数据分析与应用能力

数据驱动的教学方法正成为现代教育中提升教学质量和学生学习成效的关键策略。在这一过程中，教师的核心能力在于有效地收集、分析和应用学习数据，这不仅能优化教学过程，还能深化学生的学习体验。

1. 学习数据的收集与分析

在数据驱动的教学环境中，教师需要掌握收集和分析学生学习数据的技能。这包括但不限于学生的考试成绩、作业提交情况、在线学习平台的互动数据以及课堂参与度等。通过这些数据，教师可以获得宝贵的洞见，如学生对特定概念的掌握程度、学习材料的有效性以及学习活动的参与情况。此外，对学生反馈的分析可以帮助教师理解学生的感受和偏好，为教师进一步的教学提供方向。

2. 基于数据的教学调整和优化

经过数据的有效分析，教师可以基于这些信息做出有针对性的教学调整。例如，如果数据显示某个班级在特定主题上普遍表现不佳，教师可能需要重新考虑教学方法或调整该主题的教学进度。教师可以利用数据分析工具来识别哪些教学方法最有效，哪些需要改进，从而制定更加个性化和适应性强的教学计划。

数据也能揭示学生之间的学习差异，使教师能够为不同能力和进度的学生设计差异化的教学策略。通过调整教学内容、采用不同的教学资源或修改评估标准，教师可以确保每位学生都能在其最适宜的学习环境中得到发展。

3. 教育技术的运用

为了有效实现这些教学调整，教师还需要掌握相关的教育技术。现代教育技术，如学习管理系统（LMS）、大数据分析工具和互动学习平台，不仅可以简化数据收集和分析的过程，还可以帮助教师实时监控学生的学习状态，并即时调整教学策略。

总结来说，通过有效的数据收集、分析和应用，教师可以更深入地理解学生的学习需求，及时调整教学方法，以优化教学效果和学生学习成效。这种数据驱动的教学方法不仅增强了教学的适应性和个性化，也提高了教育决策的科学性和有效性。

（四）个性化教育的能力

识别和满足学生的个性化学习需求：教师应能够识别不同学生的学习风格、兴趣和能力，理解他们的独特需求。制定个性化学习计划和方案：基于对学生需求的理解，教师应能够为每位学生制定具有针对性的学习计划，包括选择适当的学习资源、活动和评估方法。通过这种方式，教师不仅能够增强学习的相关性和吸引力，还能提高学生的学习动力和成就感。例如，对于视觉学习者，教师可以增加图表、视频和图形等视觉元素；而对于动手能力强的学生，则可以设计更多的实验和实践活动。

进一步地，教师还可以运用技术工具来辅助个性化教学。教育技术平台往往提供灵活的内容和资源，使教师能够根据学生的进展和反馈调整教学策略和资源。此外，利用数据分析，教师可以更精准地追踪学生的学习路径和成效，及时调整教学方法以适应每位学生的发展速度和学习偏好。

总之，个性化教育要求教师在教学设计和实施中展现高度的灵活性和创造性，通过持续的观察和调整，确保教学活动能够满足每个学生的个性化需求，从而优化学习成效和提升学生的整体教育体验。通过提升这些关键能力，教师不仅能更好地适应教育领域的变革，还能有效提升教学质量和学生的整体发展。

四、实施挑战与应对策略

（一）角色转变的心理挑战

角色转变对教师来说可能是一大心理挑战，尤其是从传统的知识传授者转向更为动态的学习促进者。对于一些教师而言，放弃传统的授课方法并采用新的教学角色可能会引起不安和抵触感。这种转变可能触及他们的教育哲学和自我认同。应对策略，可以为教师提供心理支持和适应性培训：教育机构应为教师提供心理支持和帮助，包括职业咨询和心理健康资源。此外，适应性培训，如研讨会和小组讨论，可以帮助教师理解新角色的价值，减轻其焦虑和压力。这种心理上的支持是至关重要的，因为它不仅帮助教师个体处理变革带来的压力，也促进了整个教育团队的正向发展。

进一步地，通过建立一个支持性的社群环境，教育机构可以为教师提供一个分享经验、策略和挑战的平台。在这样的环境中，教师可以从同事那里获得实际的建议和鼓励，学习如何在日常教学中实践新的教学策略。此外，定期的反馈和教学督导也能帮助教师不断调整和完善他们的教学方法，确保教育质量与时俱进。通过这些措施，教育机构不仅帮助教师适应新的教学角色，还激励他们积极探索和实践更有效的教学方式。

（二）技术使用的困难

新的教学技术和平台可能会对一些教师构成挑战，特别是那些对电子设备操作不熟练的人。提供技术支持和使用培训：为教师提供全面的技术培训和持续的技术支持，确保他们能够熟练使用各种教学工具和资源。这包括一对一辅导、教育技术研讨会和在线教程。此外，学校应考虑定期更新其技术设施和软件，以避免过时的技术成为学习和教学的障碍。技术的易用性和可访问性对于促进教师的积极参与至关重要。

教育机构还应建立一个技术支持团队，该团队应随时待命，帮助教师解决在使用教学技术中遇到的具体问题。通过实时支持，教师可以更有信心地采用新技术，减少因技术问题导致的教学中断。此外，建立一个教师社区，鼓励教师之间的知识分享和技术交流，也是支持教师克服技术挑战的一个有效方法。在这样的社区中，更有经验的教师可以成为初学者的导师，分享他们的技术经验和教学策略，从而提升整个教师团队的技术能力和教学效率。

（三）时间与精力的压力

新的教学方法和技术可能需要更多的准备时间和精力。合理分配工作时间和任务：管理层应该确保教师的工作量合理，通过时间管理培训和工作负荷的适当分配，帮助教师有效地管理他们的时间和责任。此外，管理层可以考虑采用灵活的工作安排，例如允许教师在必要时进行远程工作，以减少通勤时间和提高工作效率。为教师提供必要的资源和支持，如教学助手或技术助理，也能显著减轻他们的负担，使他们能更专注于教学本身。

实施有效的时间管理策略，如优先级排序和任务批处理，也是帮助教师应对工作压力的关键。通过教育机构组织的研讨会和培训课程，教师可以学习如何更有效地组织日常任务和长期项目，从而优化他们的工作流程。此外，鼓励教师之间的合作，共享教学资源和经验，不仅可以提高教学质量，还可以降低单个教师的工作压力。通过这些措施，教师可以更好地平衡工作与个人生活，保持职业热情和个人健康。

（四）评估与反馈机制的建立

定期评估教师角色转变的效果，这可以通过学生的学习成果、教师的自我评估和同行评议等多种方式进行。建立持续反馈和改进机制：确保有一个系统性的反馈机制，让教师能够接收到关于他们教学实践的定期反馈，并根据这些反馈进行必要的调整和改进。此外，这种反馈系统应包括来自学生、家长以及教育行政人员的意见，以获得全面的视角。实现这一点，可以通过在线调查、定期的家长教师会议以及开放的教学观摩日等多种方式。

为了提高反馈的质量和实用性，教育机构应考虑采用先进的数据分析工具，这些工具可以帮助分析大量的反馈数据，从而识别教学中的趋势和模式。这种分析可以帮助管理层和教师更清楚地理解哪些教学策略最有效，哪些地方需要改进。此外，教师应被鼓励参与专业发展工作坊和培训课程，这不仅可以帮助他们提高教学技能，还可以使他们更好地理解和利用反馈来改善他们的教学实践。

第二节 校园文化与组织结构的适应

一、引言

校园文化是指在一个教育机构内部形成的共享价值观、信仰、习惯和行为准则的集合，这些因素共同影响着学校社区的氛围和成员的行为方式。组织结构则涉及学校的管理层次、权力分配和决策流程，它决定了学校运作的效率和灵活性。校园文化和组织结构是塑造学校身份、推动教育目标实现和维持高效运作的基础。

随着教育创新的推进，如翻转课堂、在线学习和项目式学习等新兴教学模式的引入，对学校的校园文化和组织结构提出了新的要求。这些教学模式往往需要更为开放和协作的文化环境，以及更灵活和去中心化的管理结构来支持，因此对现有系统提出了挑战，同时也带来了改革的机会。

适应创新教学模式不仅仅是引入新技术或教学法，更关键的是校园文化和组织结构的调整，以便更好地支持这些模式的实施。研究如何调整和优化校园文化和组织结构，使之与创新教学相适应，对于教育改革具有重要意义。

校园文化和组织结构的优化能够提升教育质量，增强学校的吸引力和竞争力。一个积极、开放且具有高度适应性的校园文化可以激励师生的创新和参与度，而高效和灵活的组织结构可以确保教育资源的合理配置和快速响应教育需求的变化。这些因素共同推动学校的长期发展和学生的全面成长。

二、校园文化的适应

（一）校园文化的现状与特点

传统校园文化与创新教学模式之间的文化需求差异明显，反映了教育环境在适应现代教学理念和方法上的转变。要有效地实施这些创新教学模式，校园文化必须进行相应的调整和更新。

在传统校园文化中，通常强调规范、纪律和一致性，教师和学生间的互动相对有限，以教师为中心的教学模式占主导地位。这种文化可能抑制了个体的创新和自主学习的倾向。例如，学生可能会因为过于严格的规则而感到创造性受限，而教师则可能因为缺乏灵活性而无法实施个性化教学。

相比之下，创新教学模式如翻转课堂、项目式学习等，要求校园文化能够支持风险的承担、创新的尝试以及从失败中学习。这种文化需求包括对学生主动性的鼓励、对教师创新教学方法的支持，以及对学习过程的重视而非仅仅关注结果。例如，翻转课堂模式鼓励学生在家中通过视频等材料自主学习新概念，而课堂时间则用于讨论、解决问题和扩展学习，这要求教师能够灵活应对学生的不同需求和学习速度。

为了培养这样的校园文化，学校管理层需要制定明确的政策和提供必要的资源，例如提供专业发展培训帮助教师掌握新的教学方法，创设一个开放和包容的学习环境，鼓励学生和教师之间的交流和协作。此外，评估和激励机制也应当调整，以促进学生的全面发展和教师的创新教学实践。这种文化的转变不仅能够促进学生的创新思维和问题解决能力的发展，还能增强教师的职业满足感和教学效果。

（二）建立支持创新的校园文化

为了构建一个鼓励创新和实验精神的校园文化，教育机构必须采取多维度的策略来支持师生的创新活动。这不仅涉及提供必要的物质资源，还包括创造一个心理上支持和鼓励创新的环境。

1. 鼓励创新和实验精神

学校应当鼓励师生尝试新的教学和学习方法，即使这些方法可能初期不会立即成功。为此，学校可以设立创新基金，支持教师和学生开展教学实验和研究项目。此外，提供时间上的灵活性，比如通过减少教师的行政负担或为学生安排专门的研究时间，可以帮助师生在不受日常教学压力的情况下探索和实验新的想法。定期的专业发展和技术培训也是必不可少的，这可以帮助教师掌握最新的教学工具和方法，激发其创新潜能。

2. 创建开放和包容的学习环境

校园文化的开放性和包容性是支持创新的关键。学校应当努力创建一个多元化的环境，鼓励师生尊重和欣赏不同的文化、背景和观点。这可以通过组织多样化和跨文化的活动、座谈会和研讨会来实现，这些活动不仅促进了文化的理解和接受，还提供了交流和合作的平台。同时，学校应确保所有的教育政策和实践都能促进公平和包容，如强化和执行反歧视政策。

此外，建立一个安全的环境，让师生能够自由表达和探索不同的观点，是鼓励创新不可或缺的一环。这意味着学校需要有明确的支持机制来处理可能的失败和挫折，如提供心理咨询服务和组建失败后的支持团队，以帮助师生从失败中恢复并汲取经验。

通过这些策略，学校可以建立一个真正促进创新、实验和多元文化理解的校园文化，从而为学生和教师提供一个充满活力和生产力的学习和教学环境。

（三）校园文化变革的策略

1. 制定明确的校园文化变革目标

校园文化的变革应从明确的目标开始。这些目标不仅要体现出推动创新和支持新教学模式的决心，还应与学校的整体教育使命和愿景相一致。具体而言，学校需要确定如何通过这些变革提升教学质量和学生的学习体验。明确的实施步骤、期望成果和评估标准也是成功变革的关键组成部分。这些目标应具体到可以操作的程度，比如设立创新指标和具体的时间表。

2. 通过活动和项目推广创新文化

为了有效推广校园内的创新文化，学校可以组织各种活动和项目，如创新教育工作坊、师生共同参与的研究项目，以及校园内的创新挑战赛等。这些活动不仅为师生提供了实践机会，也有助于营造一种积极支持创新的氛围。例如，通过工作坊和研究项目，学生和教师可以直接参与到创新过程中，实际体验和学习如何将新理念转化为实践成果。此外，通过这些活动，校园社区成员可以互相学习、启发灵感，并在实践中改进创新方法。

3. 领导层的支持与参与

学校领导层的积极参与和支持对于塑造校园文化至关重要。领导者不仅需要通过自己的行为和决策为创新树立榜样，还需要确保整个组织的资源配置、政策制定和日常运作都能够支持文化变革的方向。领导层应该定期与教职工沟通变革的进展和挑战，寻求反馈，并根据需要调整策略。同时，领导者应该认可并表彰创新努力，即使这些努力的初期结果可能不完美。这种开放和鼓励的态度是构建创新文化的基础，可以激励所有校园成员积极参与并支持文化变革。

通过这些策略，学校可以逐步适应并推动一种支持创新和学生发展的校园文化，从而提升教育质量和学校的整体竞争力。

三、组织结构的适应

（一）传统组织结构的局限性

在许多传统学校组织结构中，存在着一系列挑战，特别是在适应快速变化的教育需求方面。这些结构的两大主要局限性包括过于集中的决策流程和部门间的沟通与合作不足。

1. 过于集中的决策流程

在传统的学校组织结构中，决策过程往往高度集中，主要由学校的高层管理人员或少数决策者掌控。这种集中化的决策模式可能导致决策速度缓慢，并且不总是能反映教育现场的实际需求。例如，课程改革或教学方法的更新可能需要迅速响应学生和社会的需求变化，但在集中化决策模式下，这些改变的实施可能会受到延迟。此外，这种模式可能忽视了教师和基层教育工作者的直接经验和见解，他们距离学生最近，对教育需求和挑战有着最直接的理解。

2. 部门间的沟通与合作不足

传统的组织结构常导致部门间的隔阂，各部门之间的信息流动和资源共享不足，阻碍了创新和效率的提升。这种孤立的部门文化限制了知识的交流和协同工作的机会。例如，学术部门和行政部门可能因为缺乏有效的沟通渠道而在策略实施上产生摩擦。此外，这种隔阂还可能导致资源的重复浪费和效率低下，因为各部门可能在不知情的情况下开展相似的项目或购买重复的资源。

为了克服这些局限性，学校可能需要考虑采用更为扁平化的管理结构，提高决策的透明度和教职工的参与度。同时，通过建立跨部门协作机制，如定期的联席会议和团队建设活动，可以增强各部门之间的沟通和合作。这种开放和协作的文化不仅可以提高决策的效率和有效性，还可以激发创新，最终提升整个教育机构的教学和运营水平。

（二）适应创新教学模式的组织结构特征

为了更好地适应创新教学模式，学校组织结构需要进行一些关键调整。这些调整不仅有助于升高决策的速度和质量，还能促进教学创新和灵活性。

1. 扁平化的组织结构

扁平化的组织结构减少了管理层级，使决策过程更加迅速且接近实际教学前线。在这种结构中，管理层与教师及学生之间的直接联系被加强，这不仅提高了决策的适应性和效率，还增强了管理者对教学现场需求的理解和响应能力。例如，教师可以直接向决策者反馈教学中遇到的挑战和需求，而决策者也能更快地实施必要的改变或提供所需资源，从而确保教学活动能够更顺利地进行。

2. 灵活的部门设置与职能分配

支持创新教学模式的组织结构中，部门设置应更加灵活，职能分配应更具适应性。这种灵活性使组织能够快速响应教育需求的变化。例如，可以创建跨学科团队，将不同学科的教师和专家聚集在一起，共同开发新课程或教学项目。这种跨学科的协作不仅促进了知识和技能的整合，也为学生提供了更丰富和综合的学习体验。此外，为特定项目配置专门的工作组也是一种有效策略，这些工作组可以根据项目需求灵活调整成员和资源，确保项目的高效执行。

通过实施这些结构特征，学校可以更好地适应和推广创新教学模式，提高教育活动的质量和效率，同时也为教师和学生创造一个更加开放和协作的学习环境。这种组织结构的优化不仅有助于实现教育目标，还能激发教师和学生的创新潜力，促进学校整体的教学发展。

（三）组织结构变革的策略

为了适应不断变化的教育需求和推进教育创新，学校必须采取积极的步骤来变革其组织结构。以下是几个关键的策略，旨在提升组织效率并促进创新教学模式的实施。

1. 重新定义部门职能与角色

随着教育模式的创新，必须重新考虑和定义各部门的职能和角色，以确保它们能够支持新的教育目标和方法。这可能包括调整部门的责任范围，例如，将传统的教学部门拓展成为包括在线教育和继续教育的更广泛职能。此外，为了更好地支持特定的教学和研究活动，学校可以增设新的角色或小组，如教育技术支持团队或学生创新项目组。这些新的角色或小组专注于特定的任务和目标，从而提升整体的教学质量和研究成果。

2. 促进跨部门合作与沟通

为了打破部门间的隔阂，学校应当促进跨部门的合作与沟通。实施这一策略的有效方式包括定期的跨部门会议、联合项目和工作组。通过这些活动，不同部门的成员可以共享信息、资源和最佳实践，同时解决共同面临的挑战。例如，学术部门和行政部门可以共同参与学生服务提升项目，这不仅增强了部门间的合作，还提高了服务质量和学生满意度。

3. 实施团队化管理模式

团队化管理模式强调在小团队内部进行决策和管理，这些团队通常是跨职能或跨学科的。采用这种模式可以鼓励团队成员共同参与决策过程，提升团队内部的动力和创新能力。此外，这种管理方式增强了任务的灵活性和响应速度，使团队能够迅速适应变化并有效执行项目。例如，一个由教师、技术专家和学生代表组成的团队可能负责开发新的学习平台，他们的跨领域专长可以加速项目进展并提高成果的质量。

通过这些策略，学校可以更有效地适应教育的现代化需求，为学生提供更高质量的教育服务，同时也为教职员工创造一个更加开放和创新的工作环境。这些变革将有助于学校在竞争日益激烈的教育领域中保持领先地位。

通过这些变革策略，学校的组织结构将更能适应创新教学模式，支持教育创新的实施，促进学校整体发展和教育质量的提升。

四、创新教学模式对校园文化与组织结构的要求

（一）以学生为中心的文化

1. 尊重学生的个性与需求

学校文化应鼓励教师和管理层认识到每位学生的独特性，并尊重他们的个体差异。这涉及为学生提供定制化的学习路径和支持，以适应他们的学习风格、兴趣和发展速度。例如，学校可以实施个性化辅导计划、提供多样化的课程选择以及灵活的评

估方式，确保每个学生都能在适合自己的环境中成长和学习。

2. 激发学生的主动性与创造力

校园文化应设计成鼓励学生探索、实验和创新。通过提供各种机会让学生参与到课程设计、项目决策和校园活动中来，激发他们的主动性和创造力。例如，学校可以设立创新实验室、组织创业比赛和项目展示会，鼓励学生提出新想法并进行实际操作和实践，让他们在真实的项目中锻炼和发展自己的能力。这种文化不仅培养了学生的独立思考和问题解决能力，也增强了他们对学习的热情和责任感。

（二）协作与共享的组织氛围

1. 促进教师与学生之间的合作

创新教学模式需要教师与学生之间形成更紧密的合作关系，共同参与教学内容和方法的开发。这要求学校提供足够的空间和机会，如团队项目、研究小组和协作工作坊。例如，学校可以组织跨学科的项目合作，让教师和学生共同探索和解决实际问题，通过这种方式加深彼此之间的理解和信任，形成更为融洽和富有成效的学习环境。

2. 鼓励知识和资源的共享

学校应通过建立开放的资源库和共享平台，促进知识和教学资源的共享。这包括教学材料、研究数据和创新教学法的共享，使教师和学生能够轻松访问并利用这些资源。例如，可以创建一个在线平台，汇集各类教学资源和研究成果，供教师和学生随时查阅和使用，同时鼓励他们在平台上分享自己的经验和成果，形成一个活跃的知识共享社区。这种做法不仅提升了资源利用效率，还推动了教学质量的持续改进和创新。

（三）技术驱动的支持体系

1. 建立技术支持团队

学校应设立专门的技术支持团队，负责维护和更新教学技术设备，同时为教师和学生提供必要的技术支持。这个团队应能够迅速响应技术问题，确保教学活动的顺畅进行。例如，技术支持团队可以包括 IT 专业人员和技术顾问，他们可以在设备出现故障时及时修复，或者在教师需要帮助时提供现场支持和指导，以确保教学不受干扰。

2. 提供充足的技术资源与培训

为确保教师和学生能有效使用教育技术，学校需要提供充足的技术资源，如计算机、软件和网络设施，并定期举办技术培训课程，提升师生的技术使用能力。例如，学校可以配备现代化的计算机教室和高速网络连接，确保所有师生都能无缝访问数字资源。此外，定期组织技术培训，如如何使用新软件进行课程设计或如何利用在线平台进行互动教学，帮助师生熟练掌握和应用这些技术，从而最大限度地提升教学效果和学习体验。

通过实施这些策略，学校可以为创新教学模式创造支持性的环境，促进学生的全面发展和教育质量的提升。

五、具体实施策略

（一）领导与管理层的角色

领导与管理层在推动校园文化和组织结构变革中扮演关键角色，他们的支持和参与是成功实施创新教学模式的基础。

1. 领导层在文化与结构变革中的作用

领导层必须展现出对变革的承诺和支持，为整个学校设定明确的视野和方向。他们应当通过个人行为和公开的支持来传达新的文化价值，如鼓励尝试和容忍失败，并为变革提供所需资源。例如，校长和高层领导可以在公开讲话中强调创新和变革的重要性，设立专门的创新基金，鼓励教师和学生大胆尝试新方法，并在面对失败时给予理解和支持，营造一个安全和包容的创新环境。

2. 管理层对创新教学模式的支持

管理层需要在实际操作中支持创新教学模式，例如通过调整教师的工作负荷、提供专业发展机会以及优化教学资源分配来促进新教学模式的实施。例如，教务管理部门可以减少教师的行政工作负担，使他们有更多时间专注于教学创新和专业发展。同时，管理层可以组织和资助教师参加教育技术培训和创新教学法的研讨会，确保他们掌握最新的教学工具和方法。通过优化资源分配，如优先为创新项目提供设备和技术支持，管理层可以有效促进新教学模式的推广和应用。

（二）教师与学生的参与

教师和学生是校园文化和组织结构变革的直接参与者，他们的积极参与对于变革的成功至关重要。

1. 教师在文化变革中的作用

教师不仅在传递知识中发挥作用，还应成为文化变革的倡导者和实践者。通过参与课程设计、工作坊以及决策过程，教师可以直接影响校园的创新氛围和学生的学习体验。例如，教师可以在课程开发中引入新的教学方法和技术，组织并参与教育创新的工作坊，分享和推广成功的教学实践。同时，教师在学校的决策过程中发挥积极作用，提出建设性的意见和建议，推动学校管理层对教学改革的重视和支持。通过这些方式，教师不仅提升了自己的专业素养，也为学生创造了更丰富、更有活力的学习环境。

2. 学生对文化和结构变革的影响

学生应被视为变革的重要力量。通过学生会、反馈机制和参与决策等方式，学生可以直接影响学校政策和教育实践，使之更加反映他们的需求和期望。例如，学生会可以定期组织讨论会和意见收集活动，向学校管理层反映学生的需求和建议。学校应建立畅通的反馈机制，如在线问卷、意见箱和定期座谈会，鼓励学生积极表达自己的看法。同时，学生还可以通过参与学校决策委员会或顾问小组，直接参与到学校政策和规划的制定过程中，确保教育实践更贴近学生的实际需求和期望。这种积极的参与不仅有助于培养学生的责任感和领导力，也使学校的变革更加全面和有效。

（三）制定变革计划与路线图

1. 明确变革的阶段与目标

制定一个分阶段的实施计划，每个阶段都有明确的目标和期限。例如，初期阶段可能侧重于提升师生对创新教学的认识和技能，中期则可能集中在具体教学模式的实施，长期则关注文化的根本改变和持续优化。在初期阶段，学校可以组织培训和研讨会，帮助教师和学生理解变革的重要性和具体方法。中期阶段，可以启动试点项目，通过实际应用验证和调整新的教学模式。长期阶段，关注如何将成功的变革融入学校的日常运作和文化中，确保变革的持续性和深远影响。

2. 持续评估与调整变革策略

变革过程中必须定期评估实施效果，并根据反馈进行必要的调整。这包括定期收集师生的反馈、评估教学成果和学生满意度，以及监测组织结构变革的进展情况。例如，学校可以每季度进行一次全面的评估，通过问卷调查、访谈和数据分析了解变革的进展和效果。根据评估结果，及时调整变革策略，解决存在的问题和挑战，确保变革方向和措施与学校的整体目标一致。持续的评估和调整不仅能保证变革的有效性，还能增强师生对变革的信任和支持。

通过制定详细的变革计划和路线图，并在实施过程中进行持续的评估和调整，学校可以确保变革过程有序推进，并最终实现预期的变革目标。这种系统的变革管理方法有助于学校在激烈的教育环境中保持竞争力，提供更高质量的教育服务。通过这些实施策略，学校可以更有效地推动文化和组织结构的变革，从而更好地支持创新教学模式，提升教育质量和学校整体发展。

第三节　政策支持与资源配置

一、引言

在高等教育领域，教育政策和资源配置是推动学校发展的两个核心因素。它们不仅影响教育质量，还决定了教育机构能否有效实施教育创新和满足学生的学习需求。教育政策提供了高等教育机构运作的框架和指导原则，包括招生标准、资金分配、学术研究以及教师发展等方面。这些政策决定了教育资源的分配，优先级的设定，以及高校在国家和地区教育系统中的定位和职能。资源配置是高校能够提供高质量教育服务的基础。包括资金、设施、技术支持以及人力资源在内的合理配置，可以直接影响教学和学习的环境，进而影响教育成果和学生的整体发展。

研究政策支持与资源配置对高等教育的影响，有助于更好地理解这些因素如何共同作用于教育系统，从而推动高校在教育质量和创新上取得进步。深入分析政策和资源配置的效果能帮助教育决策者和管理者优化他们的策略和计划，确保资源的有效利用，并支持教育的可持续发展。这包括识别现有政策中可能存在的不足，以及如何通过调整资源分配来更好地支持教育目标。探讨这些因素对于教育模式创新的支持程度和方式，可以帮助高校发展适应当代学生需求的教育模式。这不仅包括技术和教育方法的更新，还涉及如何通过政策和资源配置提高学生参与度、满足多样化的学习需求，以及促进学生全面发展。

通过这项研究，可以为高校管理者、政策制定者以及教育工作者提供实用的见解和建议，以改善教育政策和资源配置的实践，推动高等教育向更高质量和更大创新方向发展。

二、政策支持的重要性

（一）教育政策的类型与层次

1. 国家教育政策

国家层面的教育政策通常涵盖广泛的教育领域，设置教育标准和资金分配。这些政策旨在实现国家教育目标，例如提高国民整体教育水平、促进科技创新等。例如，国家政策可能规定基础教育的核心课程标准，确定高等教育的资助和奖学金计划，以及推动研究和创新的全国性项目。通过这些政策，国家确保教育系统的整体质量和公平性，同时支持国家经济和社会发展的长期目标。

2. 地方教育政策

地方政策则更侧重于解决特定地区的教育需求和挑战，如增加教育资源在偏远或欠发达地区的投入，调整地方教育机构的专业设置和教学重点。例如，某些地方政府可能会针对农村地区的教育设施改善和师资力量增强制定专项政策，或者支持地方特色产业相关专业的建设和发展。地方教育政策的灵活性和针对性使其能够更有效地回应和满足地区特有的教育需求，促进区域教育的均衡发展。

3. 高校内部政策

高校内部政策则直接影响校园的日常运作和教育实践，包括课程设置、研究资金的分配、教师聘任标准等。这些政策是高校实现其教育目标和维持竞争力的关键。例如，高校可能制定严格的教师聘任和考核标准，以确保教学和研究质量。同时，通过灵活的课程设置和创新的教学方法，高校可以提升学生的学习体验和就业能力。此外，高校内部政策还涉及学术诚信、校园安全、学生服务等方面，确保学校运作的高效和有序。

通过这三个层次的政策协同作用，教育系统能够在全国范围内实现统一的标准和目标，同时灵活应对地方和具体高校的特定需求，促进教育质量和公平性的全面提升。这种多层次的政策框架为教育的持续发展和创新提供了坚实的基础。

（二）政策支持对教学模式创新的影响

良好的教育政策能为教学模式的创新提供必要的支持和保障。

1. 提供创新的法律和制度保障

政策可以确立创新教学实践的合法性和政策支持，如提供资金支持创新教育项目、放宽某些教学规范以允许实验教学模式的尝试。例如，政府可以通过立法支持和资助教育创新项目，确保这些项目在法律上得到认可和保护。这样的政策不仅为创新提供了安全的法律环境，还鼓励更多的教育机构和教师大胆尝试新的教学方法和技术。放宽教学规范则允许高校在课程设计、评估方式和教学手段上进行更多实验，如实施项目式学习和在线协作工具，促进教学方法的多样化和灵活性。

2. 鼓励高校教学模式改革

政策还可以通过设立奖励机制或补助方案鼓励高校探索新的教学方法和技术，如支持翻转课堂、在线教育平台的开发，以及跨学科课程的创新。例如，政府可以设立专项基金或竞赛，奖励在教学创新方面表现突出的高校和教师，激励他们不断探索和应用先进的教学模式。此外，政策可以提供开发和维护在线教育平台的资金支持，帮助高校建立完善的数字化教学资源库和互动平台，提升学生的学习体验和参与度。跨学科课程的创新也可以得到政策的支持，如通过补助和资助计划，鼓励高校开发融合不同学科知识和技能的综合课程，培养学生的系统思维和跨学科解决问题的能力。

通过这些政策支持，教育系统可以更有效地推动教学模式的创新和发展，不仅提升教学质量和效果，也为学生提供更加丰富和多样化的学习机会和路径。这种政策环境为高校和教师的教学创新提供了强大的动力和保障，有助于培养适应未来社会需求的高素质人才。

三、资源配置的关键因素

（一）财政资源

财政资源对于高等教育机构来说是支持其运营和发展的基础。合理分配和有效使用这些资源是实现教育目标的关键。

1. 教育经费的合理分配

高校需要确保教育经费按照优先级合理分配，支持教育质量的提升和关键领域的发展。这包括为创新教学方法、科研项目、学生服务等重要领域拨款。例如，学校可以优先资助新教学技术的引入和开发，如在线教育平台、虚拟现实实验室等，以提升教学效果和学生参与度。同时，支持前沿科研项目的发展，尤其是在科学技术和社会问题等关键领域，通过资助研究设备和实验室建设，推动科研创新。此外，为学生提供更全面的服务，如心理健康支持、职业指导和课外活动等，也应成为经费分配的重点，以全面提升学生的学习体验和成长。

2. 资金使用的透明度与效率

高校还应保证资金使用的透明度，确保所有利益相关者，包括捐赠者、政府机构和公众，都能清楚地了解资金的使用情况。建立透明的财务报告制度，定期发布资金使用情况报告和详细的预算执行情况，使所有利益相关者都能监督和了解资金的流向和用途。通过公开招标和严格的审核程序，确保资金使用的公平性和合理性。同时，提高资金使用效率，确保每一分钱都能发挥最大效用。例如，通过绩效评估机制，衡量各项资金使用的效果和效益，根据评估结果优化资源配置，避免浪费和重复投资。

合理分配和透明高效地使用财政资源，不仅能提升高等教育机构的教育质量和科研水平，还能增强社会和利益相关者的信任和支持，为学校的可持续发展提供坚实的保障。

（二）人力资源

1. 教师队伍的建设与培训

高校需要吸引和保留优秀教师，并为他们提供持续的专业发展机会。通过培训和研讨会等方式，提升教师的教学技能和科研能力。

（1）招聘与保留：制定有吸引力的招聘政策和激励机制，吸引优秀的学术人才。例如，通过提供竞争力的薪酬、福利以及良好的工作环境，确保教师在学校有长远的发展前景。同时，建立教师评估和晋升体系，鼓励教师在教学和科研方面不断追求卓越。

（2）持续专业发展：定期组织教师参加专业发展培训和研讨会，提升他们的教学方法、技术应用和科研能力。例如，开设教育技术应用培训、教学法创新研讨会和学术研究能力提升课程，帮助教师紧跟教育和科研前沿，提升整体教学水平。

（3）国际交流与合作：鼓励教师参与国际学术交流和合作，扩大他们的学术视野和人脉网络。通过访问学者项目、国际会议和跨国研究项目，增强教师的国际影响力和教学科研水平。

2. 教学辅助人员的配置与管理

教学辅助人员，如实验员、图书管理员和技术支持人员，对维护学校的教学质量同样重要。高校应合理配置这些人员，并提供必要的培训，以支持教师的教学活动和学生的学习需求。

（1）合理配置：根据学校的教学和科研需求，合理配置各类教学辅助人员，确保他们的数量和专业能力能够满足学校的发展需求。例如，为实验室配置足够的实验员，确保实验课程的顺利进行；为图书馆配备足够的专业人员，提升图书管理和服务水平。

（2）专业培训：提供持续的职业发展和专业培训，提升教学辅助人员的专业技能和服务质量。例如，定期组织技术支持人员的技能培训，更新他们对最新教育技术和设备的掌握；为图书管理员提供信息管理和数字资源使用的培训，提升他们的服务能力。

（3）支持与激励：建立有效的管理和激励机制，鼓励教学辅助人员积极参与学校的教学和科研活动。通过设立奖励和表彰制度，认可和激励他们在教学支持中的贡献，提升他们的工作积极性和满意度。

通过建设和培训高素质的教师队伍，以及合理配置和管理教学辅助人员，高校可以提升整体教育质量，支持教师的教学活动和学生的学习需求，为实现教育目标提供坚实的人力资源保障。

（三）物质资源

物质资源包括教学设施、设备和其他教学资料，这些资源的充足与否直接影响教学活动的质量和效果。

1. 教学设施与设备的配置

现代化的教学设施和设备，如多媒体教室、科研仪器和计算机设备，对于提高教学质量和学生学习效果至关重要。例如，配备先进的多媒体教室可以支持互动式教学和多样化的教学方法，提升学生的课堂参与度和学习体验。高质量的科研仪器和实验设备可以促进科学研究和实验教学，帮助学生获得实际操作和实验技能。同时，充足的计算机设备和网络资源为学生提供了进行信息检索、数据分析和在线学习的平台，支持他们在数字时代的学习和研究需求。

2. 图书馆与实验室的建设

图书馆和实验室是学术研究和学生学习的重要场所。高校应确保这些设施现代化、资源丰富，并且能满足师生的学习和研究需求。图书馆应不断更新和扩充馆藏，包括电子书籍、期刊、数据库等资源，提供安静舒适的学习环境和先进的信息检索系统，帮助师生获取最新的学术资源和研究成果。实验室应配备现代化的实验设备和安全设施，定期维护和更新，确保实验教学的顺利进行和研究的高效开展。同时，鼓励实验室与外部科研机构和企业合作，共享资源和技术，提升实验室的研究能力和水平。通过这些措施，学校能够为师生提供一流的物质资源支持，推动教学和科研的持续发展。

（四）技术资源

随着教育技术的快速发展，技术资源已成为现代教育体系不可或缺的一部分。

1. 信息技术基础设施的建设

包括高速网络连接、云计算服务和安全系统等，这些技术基础设施对于支持在线教学、远程学习和大数据分析等活动至关重要。例如，高速网络连接保证了在线课程的顺畅播放和互动教学的实时进行；云计算服务为大规模数据存储和处理提供了可靠的平台；安全系统则确保了学生和教师数据的隐私和安全。这些基础设施的建设不仅满足了现代教学的技术需求，也为创新教育模式的实施提供了坚实的技术保障。

2. 数字化教学资源的开发与应用

开发和应用高质量的数字化教学资源，如在线课程、虚拟实验和互动学习软件，可以极大地丰富教学方法，提升学习体验和效果。例如，在线课程可以打破时间和空间的限制，让学生随时随地进行学习；虚拟实验让学生在安全、可控的环境中进行实验操作，弥补了现实实验的局限；互动学习软件通过游戏化和模拟等方式，提高了学生的参与度和学习兴趣。通过这些数字化资源，教学不仅变得更加灵活和高效，也为学生提供了个性化和自主化的学习路径，促进了学习效果的提升。

通过以上关键资源的合理配置和高效利用，高校可以显著提高教育质量，促进学校的可持续发展，并更好地适应教育创新的要求。

四、政策支持的实施策略

（一）制定明确的政策目标

有效的政策支持始于明确和具体的目标设定，这有助于确保所有行动和资源都朝着同一方向努力。

1. 确定政策支持的重点领域

首先需要确定政策将重点支持的教育领域，如科研创新、教学质量提升、学生服务改进等。这应基于广泛的利益相关者咨询，包括教师、学生、行业代表和教育专家，以确保政策目标符合教育机构和社会的实际需求。例如，在科研创新方面，可以重点支持前沿科学研究和跨学科项目；在教学质量提升方面，可以关注现代教学方法的应用和教师专业发展的支持；在学生服务改进方面，可以重点发展心理健康支持、职业规划和就业服务等。通过明确重点领域，政策制定者可以更有针对性地分配资源和制定措施。

2. 制定具体的实施计划和时间表

随后，制定详细的实施计划和时间表，包括具体的行动步骤、预期里程碑和完成的时间节点。明确的规划有助于保持进程的透明度和可追踪性，同时也便于各方进行协调和监督。例如，可以设定短期目标，如在一年内完成教师培训计划和现代化教室的建设；中期目标，如在三年内建立完善的在线课程平台和提升学生服务质量；长期目标，如在五年内实现全面的教学模式改革和科研能力的显著提升。通过具体的实施计划和时间表，各相关方可以清晰了解政策执行的进度和效果，并及时进行调整和改进，以确保政策目标的实现。

（二）提供政策激励措施

激励措施可以显著提升政策的吸引力和实施效果，鼓励更多的教育机构主动参与和响应政策要求。

1. 设立专项资金和奖励机制

通过设立专项资金支持教育创新项目，为高校提供实验和改革的财务支持。例如，可以设立教育创新基金，专门用于资助高校开发和实施新的教学方法、技术和项目。与此同时，建立奖励机制，对那些在教学创新或学生服务等方面取得显著成效的高校或个人给予表彰和奖励。例如，每年评选"教学创新奖"，并给予获奖者资金奖励和公开表彰，以激励更多教育工作者积极参与创新活动。

2. 鼓励高校积极开展教学模式创新

政策还应鼓励和支持高校根据自身特色和优势，探索和实施符合未来教育趋势的教学模式创新。这可以通过简化审批流程、提供策略咨询和技术支持来实现。例如，政府或教育主管部门可以简化新课程或教学项目的审批流程，使高校更容易开展试点项目。此外，提供策略咨询，帮助高校制定符合自身特点的创新方案；同时，提供技术支持，如引入先进的教育技术平台和工具，确保高校在实施新教学模式时具备必要的技术保障。通过这些激励措施，高校可以更加积极地进行教学改革和创新，提高整体教育质量和学生的学习体验。

（三）加强政策监督与评估

持续的监督和评估是确保政策有效实施和持续改进的关键。

1. 建立政策实施的监控体系

设立一个监控体系，跟踪政策实施的进度和影响。这可以通过定期收集相关数据和反馈，监控政策执行情况和参与度。例如，可以建立一个专门的监控委员会，负责收集和分析政策实施过程中的数据，如项目进展、资金使用情况、教师和学生的反馈等。通过定期发布监控报告，向所有利益相关者透明地展示政策实施的进展和成果。这不仅有助于及时发现和解决问题，还能增强各方对政策实施的信心和支持。

2. 定期评估政策效果，及时调整策略

定期评估政策的效果和影响，包括其对教育质量、学生满意度和教师参与度的影响。例如，可以每年或每学期进行一次全面的政策效果评估，利用问卷调查、访谈和数据分析等方法，评估政策实施的具体成效。根据评估结果，及时调整政策方向和实施措施，确保政策能够有效应对教育领域的变化和挑战。例如，如果评估结果显示某项政策在提升教学质量方面效果不佳，可以根据反馈调整或优化政策措施，如增加培训资源或调整资助项目的重点。通过这种持续的监督和评估机制，政策可以更加灵活和高效地推动教育创新和改革，确保教育目标的实现和持续改进。

通过实施这些策略，可以确保政策不仅在理论上具有支持性，而且在实际操作中能够有效地促进教育模式的创新和学校的持续发展。

五、资源配置的优化策略

（一）提高资源利用效率

有效管理和利用现有资源是提升教育质量和学校运营效率的关键。

1. 资源共享与合作机制

通过建立校际或部门间的资源共享机制，高校可以最大化资源利用效率。例如，

共享教学设施、科研设备、图书资源，以及通过合作项目共享专业知识和技术。这不仅降低了成本，也促进了学术交流和创新。具体举措包括建立跨校或跨部门的资源共享平台，让教师和学生可以轻松查阅和借用设备和资料；组织联合科研项目，汇集不同领域的专家力量，提升研究成果的质量和影响力；创建共享课程库，让不同学校的学生可以选修其他学校的优质课程，拓宽他们的学习选择和视野。

2. 资源使用的精细化管理

实施精细化管理，通过数据驱动的决策支持系统来监控和分析资源使用情况，确保资源投入产出比最优化。例如，使用高级数据分析工具来评估课程开设的需求和效果，确保教育资源得到最有效的配置和利用。具体做法包括建立资源管理系统，实时跟踪和记录教学设备、图书和实验室的使用情况；通过数据分析识别资源使用中的瓶颈和浪费，提出改进建议；根据学生选课和教学效果的数据，动态调整课程设置和资源分配，确保每一门课程都能得到适当的支持和优化配置。通过这些措施，高校可以在有限的资源下，实现教育质量和运营效率的最大化，推动学校的可持续发展。

（二）增加资源投入

1. 政府财政支持与社会资金引入

争取更多的政府财政支持，特别是在基础设施建设、科研项目和学生资助等方面。例如，申请专项拨款用于新建和升级教学设施，支持前沿科研项目，以及设立奖学金和助学金以帮助经济困难的学生。同时，积极引入社会资金，包括与企业合作、发展校友捐赠等，以增加教育投资的多样性和稳定性。例如，可以与企业建立合作伙伴关系，共同设立研究基金和创新实验室；发展校友网络，鼓励校友通过捐赠和赞助支持母校的发展。这些举措不仅可以增加教育经费，还能促进学校与社会各界的联系和合作。

2. 高校自筹资金与合理使用

高校应开发自身的资金筹措能力，如通过提供咨询服务、专业培训等方式进行商业合作，或利用学校的知识产权和技术成果进行产学研转化。例如，学校可以利用教师的专业知识和技术优势，向企业和社会提供高质量的咨询服务和专业培训；通过校办企业或技术转让，将科研成果转化为经济效益。同时，确保这些资金的合理使用，专项资金专用。例如，建立严格的资金管理和使用监督机制，确保资金的使用透明、公正和高效；定期审计和评估资金的使用效果，确保每一分钱都能发挥最大效用，从而推动学校的持续发展和教育质量的提升。

通过增加政府财政支持和社会资金引入，以及开发高校自身的资金筹措能力，学校可以获得更加充足和稳定的资源支持，为教育质量的提升和学校的长远发展提供坚实的基础。

(三) 平衡资源分配

1. 确保不同学科和部门的资源平衡

制定公正的资源分配机制，确保资源按照教育重点和实际需求合理分配，避免资源在某些领域或部门的过度集中。例如，可以建立透明的资源分配标准和流程，综合考虑各学科和部门的教学任务、科研成果、学生人数和发展潜力等因素，制定科学的资源分配方案。同时，通过定期评估和调整资源分配情况，确保资源能够动态平衡，适应各学科和部门的发展需求。这不仅有助于优化资源利用，还能促进学科之间的协作和整体发展。

2. 注重欠发达地区和薄弱环节的资源倾斜

对于地理位置偏远或教育资源不足的地区，以及学校内部的薄弱学科和部门，应实施倾斜政策，提供更多的支持和投入。例如，可以设立专门的基金和项目，支持欠发达地区的教育基础设施建设、教师培训和学生资助，改善这些地区的教育条件和质量。对于学校内部的薄弱学科和部门，可以通过增加科研经费、引进高水平人才、提供专项培训和资源支持等方式，帮助其提升教学和科研水平。通过这些倾斜政策，可以缩小不同地区和学科之间的发展差距，促进教育公平和全面发展。

通过公正和合理的资源分配机制，以及对欠发达地区和薄弱环节的倾斜支持，高校可以确保各学科和部门都能获得必要的资源和支持，从而实现教育质量的整体提升和均衡发展。

六、政策支持与资源配置的挑战

(一) 资源短缺与分配不均

资源的短缺和不平等分配是高等教育面临的主要挑战之一，这种情况在全球许多地区尤为突出。

1. 教育资源分配的区域差异

不同地区之间教育资源的差异可能导致教育质量和机会的不平等。城市和发达地区通常资源丰富，而乡村和边远地区则可能资源匮乏。例如，发达地区的高校可能拥有先进的实验室、图书馆和丰富的师资力量，而欠发达地区的高校可能面临设施简陋、师资不足等问题。这种不平等不仅影响学生的学习体验和成果，也限制了这些地区的整体发展潜力。为解决这一问题，需要制定政策和措施，增加对欠发达地区的教育投入，确保教育资源的公平分配，缩小地区间的教育差距。

2. 资源利用中的浪费与低效

即便是资源较为充足的环境，也常见资源分配和利用的低效问题，如资金使用不当、设施和技术设备的浪费等。这些问题减少了教育投资的有效性，降低了教育质量。例如，一些高校可能存在资金管理不善的问题，导致项目超支或资金闲置；某些教学设施和技术设备在使用过程中维护不当，使用率低，浪费严重。为解决这些问题，需要加强资源管理和监督，建立健全的资源使用评估机制，确保资金和设备得到充分利用。通过引入先进的管理工具和方法，优化资源配置和使用效率，可以显著提升教育投资的回报，改善教育质量。

通过有效应对资源短缺和分配不均的问题，高等教育机构可以更好地满足各地学生的教育需求，提升整体教育水平，推动社会公平和进步。

（二）政策落实的难度

1. 政策执行中的阻力与障碍

政策实施可能遭遇来自不同利益群体的抵抗，包括学校内部的保守力量或外部政治、经济压力。例如，学校内部可能有部分教师和管理人员对新政策持怀疑态度，担心改革会影响他们的既得利益或增加工作负担。此外，外部的政治和经济压力，如地方政府的预算限制或社会团体的反对，也可能妨碍政策的顺利实施。缺乏清晰的执行指南或行动计划也会导致政策在实际操作中出现偏差和混乱。因此，在制定和推行政策时，必须考虑这些潜在的阻力，制定详细的执行方案和行动计划，确保各方理解和支持政策目标。

2. 政策效果的评估与反馈机制不足

有效的政策需要强有力的评估和反馈机制来监控其效果，确保持续改进。然而，许多教育政策缺乏有效的评估工具和数据支持，使得政策调整和优化变得困难。例如，一些政策在实施后没有定期评估其效果的机制，缺乏系统的数据收集和分析，导致无法及时发现和解决问题。此外，缺乏透明和参与性的反馈机制，使得政策制定者难以获取来自教师、学生和其他利益相关者的真实反馈。因此，建立健全的评估和反馈机制非常重要，可以通过定期调查、数据分析和公开讨论等方式，确保政策的实施效果得到持续监控和改进。

通过克服政策执行中的阻力和障碍，并建立有效的评估和反馈机制，高等教育政策可以更好地实现其目标，推动教育质量的提升和持续改进。

（三）多方利益协调

在教育政策和资源配置过程中，协调各方面的利益是一个复杂的任务。

1. 高校、政府和社会之间的利益协调

不同的利益相关者（如政府机构、教育机构、企业和社区）可能有不同的期望和目标。有效的政策和资源配置需要平衡这些不同的需求和期望，以达到最广泛的受益效果。例如，政府可能关注教育的普及和公平，企业可能希望高校培养更多适合市场需求的人才，而社区则可能关注教育资源的公平分配和对当地经济的促进。为实现这些目标，需要建立多方参与的决策机制，通过定期召开协调会议、建立咨询委员会等方式，确保各方利益得到充分表达和讨论。在政策制定过程中，广泛征求各利益相关方的意见和建议，确保政策既符合国家和社会的整体利益，又能够回应具体利益群体的需求。

2. 不同部门与单位之间的资源竞争

在资源有限的情况下，不同的学院、部门或研究单位之间可能会出现激烈的资源竞争。这种内部竞争可能影响到资源配置的公正性和效率，需要通过透明和公平的内部管理机制来解决。例如，在分配科研经费时，建立公开、公平的评审制度，确保资源分配基于学术成果和研究潜力，而非部门的影响力或历史地位。设立独立的资源分配委员会，负责评估各部门和单位的资源需求和使用情况，并定期进行资源分配的评估和调整，确保资源的合理利用和公平分配。通过这些机制，可以减少内部竞争带来的负面影响，促进各部门和单位之间的合作和共同发展。

通过有效的多方利益协调机制，高等教育机构可以更好地平衡各方需求和目标，实现资源的合理配置和最大化利用，从而提升整体教育质量和社会效益。

第八章　未来教学模式的展望与策略

第一节　教学模式未来发展的趋势预测

一、引言

在全球化和信息化的驱动下，教育领域正在经历前所未有的变革。这些变革不仅改变了教学和学习的方式，也对教育系统的结构和功能提出了新的要求。当前，教学模式正逐渐从传统的课堂讲授转向更为灵活和互动的形式，如翻转课堂、在线学习和混合教学等。这些模式利用技术的力量，使学习更加个性化和便捷，同时也提高了学习的灵活性和可访问性。尽管新教学模式带来了许多机会，也引发了一系列挑战，包括技术的整合、教师培训、学生参与度，以及教育质量的保证等。此外，全球教育不平等、资源分配不均等问题仍然突出，这些都需要教育决策者和从业者共同面对和解决。随着教育技术的进步和社会需求的变化，对未来教学模式的研究具有重要意义。

二、技术驱动的教学模式革新

（一）数字化学习平台

随着技术的不断进步，数字化学习平台已开始深刻地重塑传统教育模式，使得学习资源的获取不再受到地理位置和时间的限制，从而提供了前所未有的访问性和灵活性。这些平台通过提供丰富多样的课程内容和灵活的学习时间，为学习者带来了更多的选择和便利。

在线教育的普及与发展已使其成为全球教育领域的一个不可或缺的部分。这种教育形式打破了传统的地理和时间界限，使全球各地的学习者都能够轻松访问到高质量的教育资源。例如，知名的在线学习平台如 Coursera 和 Khan Academy，提供了从基础科学到高级专业课程的广泛课程，覆盖了各种学科领域，满足了不同学习者的需求。

随着技术的发展和数据分析工具的完善，这类学习平台正逐渐朝着更加个性化和互动性强的方向发展。未来，这些平台可能会利用先进的数据分析技术和实时学习者反馈，为每位学习者提供定制化的学习路径和更加丰富的互动学习体验。这种教育模式的创新不仅能够提高学习效率，还能激发学习者的学习兴趣，使教育更加个性化和有效。

（二）智慧教室与互动技术

智慧教室代表了教育技术的前沿，通过利用最新的科技工具，如智能投影仪、触控屏及学习管理系统，极大地提升了教学效率和学生的互动体验。这些高科技设备的整合创建了一个动态的学习环境，不仅支持教师更有效地传递知识，还能根据学生的即时反应调整教学策略和内容，从而实现教学的个性化和精准化。

在互动技术方面，随着电子白板、互动投影等工具的普及和技术的不断进步，未来的教室将变得更加互动。这些技术的发展不断引入如多点触控和手势识别等新功能，使得教学不再局限于传统的点对点模式。例如，教师可以通过电子白板直接与学生进行互动，学生也能通过触控或手势来直接参与到课堂学习中。这种技术的进一步发展预计将使教室变得更加生动，教学内容更具吸引力，极大地提高学生的参与度和学习效果。

（三）人工智能与个性化学习

人工智能（AI）在教育领域的应用正在快速发展，并展现出巨大的潜力，尤其是在推动个性化学习方面。AI技术通过分析学生的学习习惯、成绩和反馈，能够提供有针对性的学习材料和评估，以及自适应的学习路径。这种技术的应用不仅极大地提高了学习的效率，还能根据学生的特定需求和弱点提供个性化的帮助和引导。

个性化学习路径的设计与实施是AI在教育中的一大应用方向。利用AI技术，教育者可以根据每个学生的学习速度、理解能力和兴趣爱好，设计出符合个人特点的学习计划。这种个性化的学习方法能够有效地提升学习动力，增加学习的深度和广度，并且帮助学生在他们最感兴趣或最需要提高的领域中取得更好的成绩。此外，AI还能实时跟踪学习进度，及时调整学习内容和难度，确保学习过程既高效又具挑战性，最大程度地发挥每个学生的潜力。

技术驱动的教学模式不仅改变了教育的传递方式，还为教育质量的提升和教育公平的实现开辟了新的可能性。

三、以学生为中心的教学模式

（一）翻转课堂的深化与扩展

翻转课堂作为一种创新的教育模式，重新定义了传统的教学方式。在这种模式下，学生通过预先观看视频或阅读材料来在家自学新知识，而课堂时间则用于深化理解，通过讨论、解决具体问题以及实际应用知识，从而增强学习效果。这种教学模式充分利用了课堂时间，使得教师可以更多地关注于指导学生的思维过程和解决问题的技巧，而不仅仅是传递知识。

随着信息技术的发展和教育观念的变革，翻转课堂正在被越来越多的教育机构所采纳。这种模式通过提供个性化的学习体验，支持学生根据自己的学习节奏和风格进行学习，极大地增加了教师与学生之间的互动和参与度。

许多高等教育机构已经成功地实施了翻转课堂模式，并且发现这种方式不仅提高了学生的学术成绩，还增强了他们的批判性思维和问题解决能力。这些成功案例表明，翻转课堂能够更有效地促进学生的全面发展。展望未来，结合人工智能技术，翻转课堂有可能进一步实现教学内容和学习节奏的个性化，通过精准的数据分析和反馈，为学生提供更加定制化的学习支持和优化的学习体验。

（二）项目式学习与探究式学习

项目式学习和探究式学习是两种深受欢迎的以学生为中心的教育方法，它们鼓励学生通过实际的项目和问题解决活动来学习和掌握知识及技能。这两种模式强调学生的主动参与和自我探索，通过实践活动培养学生的创新思维、解决问题能力以及团队协作精神。

随着教育领域日益强调技能和实践经验，项目式和探究式学习预计将在全球教育体系中占据更加重要的地位。这些教学模式不仅使学生能够深入理解学科知识，还能让他们学会如何应用这些知识解决现实世界中的问题，这是未来教育发展的重要方向。

在不同的学科领域内，无论是 STEM（科学、技术、工程、数学）还是艺术，项目式和探究式学习都已经被证明是极其有效的教学方法。例如，在医学教育中，通过模拟临床情景让学生解决具体的医疗问题，可以加深他们对专业知识的理解并提高实际操作能力。在法律教育中，通过模拟法庭辩论或案例研究，学生可以更好地理解法律概念并培养批判性思维。商学院则通过案例分析、市场调研等项目，让学生在实际的商业环境中运用所学知识，提升决策和管理技能。

未来，随着技术的进一步发展，我们可以预见到项目式和探究式学习将更加普及，它们将继续扩展到更多的学科和教育层面，为学生提供更多的机会来发展他们的潜能和职业技能。

（三）自主学习与终身学习

在当今快速变化的社会中，自主学习能力和终身学习的态度成为个人发展和职业成功的关键。这种教育理念不仅适用于学生，也同样适用于职场人士和高年龄段的学习者，因为它们帮助个体持续适应新的技术和变化的市场需求。

自主学习能力的培养是现代教育系统的重要目标之一。教育者和教育机构正逐步强调教授学生如何自我管理学习计划、资源和进度。这种能力的培养使学生能够根据自己的兴趣和未来职业需求，主动探索和适应不断变化的知识和技能需求。自主学习鼓励学生通过探索多种信息源和学习工具，发展批判性思维和问题解决技能，从而在未来的学习和工作中保持竞争力。

终身学习理念的普及与推广已成为现代教育的核心组成部分。政府、教育机构和企业正共同努力推广这一理念，以确保每个人都能在整个职业生涯中持续获得学习和发展新技能的机会。终身学习不仅关乎个人的职业发展，还有助于社会整体的经济增长和社会福祉。例如，通过提供在线课程、研讨会和继续教育课程，成人学习者可以不断更新自己的专业知识，适应职业生涯中的转变。

总体而言，随着教育领域对自主学习和终身学习重视的增加，我们可以预见到这些理念将继续塑造教育的未来，使学习者能够更好地应对快速变化的世界。

四、跨学科与多学科融合

（一）跨学科课程设计

跨学科教育是一种革命性的教学模式，它通过整合不同学科的知识和方法，促进了更全面的学习和理解。这种教育模式非常适合解决当今世界所面临的复杂问题，因为它提供了多样化的工具和视角，从而增强了问题解决的效果和创新性。

跨学科课程设计的核心特点在于它允许学生同时接触并融合多个学科领域的知识，从而帮助他们建立这些领域之间的联系。通过这种方式，学生的创新能力和批判性思维得到了显著提升。这种课程设计鼓励学生采用综合的方法来解决问题，他们学习如何从多个角度分析问题，并应用所学的综合知识来寻找解决方案。

在实践中，例如斯坦福大学的 D-School 就是一个成功的跨学科课程案例。这里提供的课程混合了设计思维、工程、商业、心理学等多个学科的元素，通过这种方式培养学生的创新思维和问题解决能力。学生在这种环境中不仅学习到了具体的专业知识，更重要的是学会了如何将这些知识应用于实际问题。

展望未来，跨学科课程设计将更加注重技术的整合。随着大数据和人工智能等技术的发展，跨学科课程将能够更深入地挖掘数据信息，为解决复杂问题提供新的视角和解决方案。这种技术的融入不仅能提升学习的效率和深度，也能为学生在未来的职业生涯中处理各类挑战提供坚实的基础。

（二）多学科合作与创新教育

多学科合作已经成为高等教育中一种重要的教学和研究推动力量，它通过融合不同学科的知识和技能，为创新和问题解决带来新的思想和方法。在多学科合作的模式下，学生们需要跨越学科界限，利用各自的专业知识共同解决实际问题，这不仅能够促进知识的综合运用，还能增强学生的团队合作能力和沟通技巧。

教学模式方面，多学科合作通常采用基于团队的项目作业。在这类项目中，学生们从不同的学科角度出发，共同策划和实施解决方案。这种跨学科的工作方式鼓励学生发挥自身专业的优势，同时学习如何在团队中有效地沟通和协作，培养他们的综合思维和创新能力。

在研究和实验室建设方面，许多顶尖大学已经建立了以多学科合作为核心的创新实验室，比如麻省理工学院的 MIT Media Lab。这些实验室通常涵盖技术、艺术、社会科学等多个领域，不仅推动了学术研究的深入，还促进了学术成果的商业化应用。例如，MIT Media Lab 以其开放和创新的研究环境闻名，研究人员和学生在此可以自由探索科技与艺术的交叉领域，开发出许多具有前瞻性和市场潜力的新技术和产品。

这些多学科的创新实验室不仅是学术研究的重要基地，也常常成为企业合作和技术创新的孵化器，为社会和经济发展提供了新的动力。随着更多的教育机构和企业认识到多学科合作的价值，我们可以预见这种合作模式将在未来的教育和研究领域扮演更加重要的角色。

跨学科和多学科的融合为现代教育带来了新的动力，这不仅促进了学术领域的创新，也为学生提供了更丰富的学习机会和更广阔的职业前景。未来，这种教育模式将继续扩展，更多地整合全球资源和力量，解决复杂的全球性问题。

五、全球化与国际化教育

（一）国际合作与交流项目

在全球化日益加深的当今世界，国际合作与交流项目已成为教育领域极为重要的一环。这些项目不仅促进了学术研究的国际合作，还包括教师交流和学生互访计划，极大地丰富了参与者的教育体验，帮助学生和教师建立全球视野并提升国际竞争力。

在全球化背景下，国际合作项目通过跨国界的合作网络，促进了知识的共享和技术的转移。这些合作不仅限于学术领域，还包括文化交流和经济合作，增强了参与者对全球问题的理解及解决全球性挑战的能力。通过这些项目，学生和教师可以直接接触不同文化和教育体系，从而拓宽视野并增进国际的相互理解和尊重。

随着通信技术的进步和国际旅行的便利性增加，国际交流项目的未来发展前景广阔。尤其是虚拟现实（VR）技术和在线交流平台的应用，预计将使国际交流项目更加多元化和便捷。这些技术允许学生和教师在虚拟环境中进行沉浸式的文化和学术体验，即便在物理上无法到达某些地方，也能进行深入的交流和合作。例如，虚拟交流可以模拟在国外的校园中学习的经历，或是在国际会议上进行演讲和讨论，这些都极大地扩展了国际交流的可能性和深度。

未来，随着这些技术的不断发展和完善，我们可以预见国际合作与交流项目将进一步深化，为更多学生和教师提供无国界的学习和交流机会，这对于培养具有全球视野和国际竞争力的人才具有重要意义。

（二）多元文化教育

多元文化课程的设计与实施通常涉及介绍全球各地的文化、历史和社会系统。这种课程设计包括外语学习、国际历史、世界宗教和全球问题等内容，目的是通过深入了解不同文化的多样性来培养学生的文化敏感性和包容性。例如，学生通过学习不同国家的历史事件，可以理解各国人民的行为和信念背后的文化动因，从而形成全面而深入的世界观。

在教育实践中，应用文化多样性的一个关键策略是在教学内容中包含多种视角和声音。这不仅丰富了教学材料，还帮助学生从多元的角度看待问题，培养批判性思维和解决复杂问题的能力。此外，学校通过组织文化节、国际日等活动，鼓励来自不同文化背景的学生和教师分享他们的经验和观点，这不仅增强了校园内的文化多样性，也促进了包容性和相互尊重。

这种教育方式对于学生的个人成长和职业发展都具有深远的影响，因为它们能够适应多元文化的工作环境，更好地与来自不同背景的人合作和交流。随着社会对文化多样性的重视不断增加，多元文化教育的重要性将会持续增长，为学生打开一个更加广阔和包容的世界。

通过加强国际合作与交流项目以及实施多元文化教育，教育机构不仅能够提升学生的国际竞争力，还能促进他们的全球责任感和文化敏感性，为他们成为未来的全球公民打下坚实的基础。

六、综合素质与能力培养

（一）创新思维与实践能力

创新教育的未来趋势表现为教育机构逐步将其作为课程设计的核心，增设多样化的创新课程。例如，编程课程让学生能够通过编写代码来解决实际问题；创业教育鼓励学生将创新想法商业化；跨学科的设计思维课程则教授学生如何将不同学科的知识融合应用于创新项目。这些课程旨在培养学生的创造性思维和解决问题的实际能力，使他们能够在未来的职业生涯中持续创新和适应变化。

为了支持这种教育模式，许多学校和大学正在建设专门的实验室和实践基地。这些设施装备了先进的技术和资源，为学生进行科学研究、技术开发、艺术创作等提供了必要的支持。例如，这些实验室和工作室允许学生将他们的创新想法通过实验和原型制作等方式转化为实际应用，从而实现从理论到实践的转换。

这种教育模式的推广和实施，使学生能够在校园内就开始接触和解决现实世界的问题，极大地提高了他们的创新能力和市场适应性。随着这种教育模式的不断发展和深化，我们可以预见未来的学生将更加具备解决复杂问题的能力和创新精神。

（二）团队合作与领导力

团队合作和领导力是现代职场中不可或缺的重要技能，也是现代教育系统重点培养的能力。这些技能不仅帮助学生在职业生涯中取得成功，还对他们的个人发展和社会交往能力有着深远的影响。

为了强调团队合作的重要性，许多教育机构采用了项目式学习、研讨会和工作坊等教学方式。通过这些活动，学生不仅要发挥个人的专业技能，还要学会在团队中有效沟通、协调和尊重他人的意见。这种学习环境促进了学生之间的互动，帮助他们在实际操作中学习如何在多样化的团队中工作，从而培养了解决复杂问题的能力。

领导力课程的设计通常结合理论学习和实际应用。这些课程旨在培养学生的决策能力、责任感和影响力，通常包括案例分析、角色扮演和团队领导项目等教学元素。通过这些活动，学生可以在模拟的情景中扮演领导角色，学习如何引导团队、制定策略和应对挑战。此外，这些课程还强调道德领导和文化敏感性，以适应全球化的工作环境。

通过这些综合的教学策略，学生不仅能够在学术环境中发展必要的团队合作和领导技能，还能为将来的职业生涯和社会生活做好准备。随着教育模式的持续创新，我们可以预期团队合作和领导力培养将更加注重实践经验和跨文化能力的发展，为学生提供全面的成长和成功的机会。

（三）批判性思维与问题解决能力

批判性思维和问题解决能力是学生必备的核心能力，对于他们分析信息、做出决策以及有效应对复杂问题至关重要。这些能力的培养不仅有助于学术成功，还是学生未来职业和日常生活中解决问题的关键。

现代教育系统越来越重视批判性思维的培养，这类课程设计旨在提升学生的分析和评估能力。通过组织讨论、辩论和写作等教学活动，教育者引导学生批判性地分析信息来源，学会从多个角度评估不同的观点，并在此基础上形成独立的见解。例如，通过辩论活动，学生可以学习如何构建论据、反驳对方观点以及在压力下清晰地表达自己的思想。

为了培养学生的问题解决能力，教育机构通常采用模拟真实世界情境的教学方法。学生通过参与团队项目、案例研究和创新挑战等活动，面对具体的、实际的问题，寻求解决方案。这些实践活动不仅促使学生应用他们的理论知识解决问题，还激发了他们的创新思维和团队协作能力。例如，在案例研究中，学生需要分析复杂的商业或社会问题，提出并评估可能的解决方案，这种方法强调了分析、创新和实际操作的综合能力。

通过这些系统的教育策略，学生不仅能够在学术上取得成功，更重要的是，他们能够为未来在多变的世界中做出明智的决策和有效的问题解决做好准备。随着教育模式的进一步发展，这些能力的培养将更加重视实际应用和跨学科的综合，为学生的全面发展打下坚实基础。

第二节 人工智能、虚拟现实等新技术的应用前景

一、引言

随着技术的快速进步，尤其是人工智能（AI）和虚拟现实（VR）技术，我们见证了它们在医疗、娱乐、制造业等多个领域的革命性应用。在教育领域，这些技术同样展现出巨大的潜力，预示着学习方式的根本变革。利用 AI 和 VR 等技术，教育者可以开创更有效的教学方法，同时提供更丰富的学习资源，这对提高教学质量和学生学习体验具有重要意义。深入探索 AI 和 VR 在教育中的影响，有助于识别这些技术如何改善教学质量和学生的学习成果。了解这些技术如何帮助学生更好地理解复杂概念和提高学习动力，对于制定有效的教育策略和实践具有指导意义。

二、人工智能（AI）在教育中的应用

（一）智能辅导与个性化学习

随着人工智能技术的发展，智能辅导和个性化学习已经成为现代教育领域的一个重要趋势。这些技术通过适应学生的个别学习速度和风格，极大地提升了他们的学习效果和效率。

AI 辅导系统利用复杂的算法来分析学生的学习历史和表现，根据这些数据调整教学内容和难度，从而提供定制化的学习体验。这些系统可以识别学生在学习过程中的弱点，例如，通过分析学生的答题模式和学习习惯，系统能够提供有针对性的帮助和练习，帮助学生克服困难，从而有效提高其学习效率。此外，AI 辅导系统还可以实时反馈学生的学习进展，使教师能够及时调整教学策略，更好地助力学生的学习。

利用 AI 技术，教育者可以根据学生的能力和兴趣设计出个性化的学习路径。AI 系统能够动态地根据学生的反馈和学习进度调整课程内容和学习任务。例如，如果一个学生在某个领域表现出较快的掌握速度，系统可以自动推荐更高级的课程或更深入的学习材料。反之，如果学生在某些领域遇到困难，系统可以调整课程难度，提供额外的解释和练习，以确保学习活动既具挑战性又适合学生的实际水平。

通过这种方式，智能辅导和个性化学习不仅使教育更加高效，还使学习过程更加

符合每个学生的独特需求，从而提高学生的学习动力和成就感。随着 AI 技术的持续进步，未来的教育将更加个性化，更能适应每个学生的个别差异和发展速度。

（二）自动化评估与反馈

AI 在教育评估和反馈中的应用，不仅增强了教学的透明度和互动性，还极大地减轻了教师的工作负担。通过自动化和数据分析，AI 技术使评估过程更加高效和精确。

AI 可以自动执行测验、考试乃至作业的评分工作，提供即时、一致且客观的评分和反馈。这种自动化的评分系统不仅能加快评估的处理速度，还能提升评估的公平性和准确性，因为它消除了人为的偏见和疏忽。此外，AI 还可以根据学生的答题情况提供定制化的反馈，指出学生的具体错误并提供改进的建议，这有助于学生及时了解自己的学习状况并快速改进。

AI 技术可以实时监控学生的学习行为，如登录时间、互动频率、完成任务的速度和质量等。通过分析这些数据，AI 系统可以提供详尽的学习行为分析报告。这使教师能够获得深入的见解，更好地理解每个学生的学习进度、习惯和所面临的挑战。基于这些信息，教师可以调整教学策略，例如，为特定学生提供额外的资源或调整课程难度，确保每个学生都能获得所需的支持。

通过这些应用，AI 不仅优化了评估和反馈过程，也使教育更加个性化和响应学生的具体需要。未来，随着 AI 技术的不断进步和应用范围的扩展，我们可以预见一个更加高效、公平且透明的教育评估体系的形成，这将进一步提升教育质量和学习体验。

（三）智能内容生成与资源推荐

AI 在教育领域的应用已经拓展到智能内容生成和资源推荐，这些技术能够显著提高教学内容的个性化水平和资源利用效率。

利用先进的数据分析和机器学习技术，AI 系统可以根据学生的学习历史、成绩和偏好自动生成个性化的学习材料。这些材料包括但不限于定制的练习题、专门挑选的阅读材料以及视频教程。这种个性化的内容生成方式不仅确保学习材料与学生的当前学习阶段和需要相匹配，还可以适应学生的学习速度和风格，从而提高学生的学习的有效性和效率。例如，如果一个学生在某个数学概念上遇到困难，AI 系统可以自动生成额外的练习题和详细的解释视频，帮助学生克服困难。

AI 技术的另一应用是能够分析学生的学习模式和成绩，从广泛的教育资源库中推荐最适合的学习资料。这种智能推荐系统通过理解学生的具体需求和学习目标，为学生精准地推荐相关资源,极大地提高了学生学习资源的获取效率和使用效果。这不仅节省了学生寻找合适资源的时间,也确保了学生能够接触到最能帮助他们进步的教学材料。

通过这些智能技术,教育过程变得更加有针对性且高效,学生能够获得更加个性化且精准的学习支持。随着 AI 技术的不断发展和优化,未来的教育环境将更加灵活并能更好地响应学生的个别需求,进一步推动教育公平性和教学质量的提升。

(四)虚拟教学助理

AI 技术的进步已经使得虚拟教学助理成为教育领域中的一项创新工具,这些助理能够在多个方面支持教学和学习活动,提升教学效率和改善学生的学习体验。

AI 虚拟教学助理能够承担许多日常教学任务,极大地减轻了教师的行政负担。例如,AI 助理可以自动进行点名、布置和收集作业、管理成绩记录,甚至进行初步的学生作业评估。这使教师能够将更多的时间和精力投入到提升教学质量、创新课堂内容以及与学生的个别互动中。通过减少在例行行政任务上的时间消耗,教师可以更专注于教学策略的优化和学生学习成效的提高。

AI 虚拟助理的另一重要功能是能够全天候为学生提供即时的学术支持和答疑服务。无论是解答学术问题、提供额外的学习资源还是帮助学生复习课程内容,AI 助理都能迅速响应学生的需求。这种即时反馈机制对于维持学生的学习动力极为关键,尤其是在学生独立学习或远程教学环境中更是如此。AI 助理能够根据学生的查询历史和学习进度提供个性化的帮助,确保学生在遇到困难时能够获得必要的支持,从而优化整体的学习效果。

综上所述,AI 虚拟教学助理的应用不仅可以提高教学效率,还可以通过提供定制化和即时的学习支持来改善学生的学习体验。随着这些技术的进一步发展和完善,未来的教育环境将变得更加智能和适应性强,能够更好地满足教师和学生的需求。

三、虚拟现实(VR)在教育中的应用

(一)沉浸式学习体验

虚拟现实(VR)技术为创造沉浸式学习环境提供了强大的工具,这种技术使得学习体验更加生动和实际,显著提升了学生的学习效果和参与度。

VR 技术通过创造可完全沉浸的模拟环境,允许学生置身于几乎与现实无异的场

景中。这种沉浸感不仅使学生的学习体验更加直观和深刻，还能激发学生的学习兴趣。例如，在学习复杂的科学概念或历史事件时，通过 VR 技术，学生可以直接"进入"一个科学模型中或"新临"历史现场，从而更好地理解抽象的概念或历史的复杂性。

在教育实践中，虚拟实验室和模拟训练是 VR 技术应用的典型案例。例如，在化学教育中，虚拟实验室使学生能够安全地进行危险化学实验，探索不同化学反应的结果，而无需担心真实世界中的安全风险。这种方法不仅安全性高，还能节省大量的物理资源。同样，在飞行训练中，飞行模拟器提供了一种无风险的飞行操作练习方式，使学员能在完全控制和安全的环境中精进其飞行技能。

VR 技术在教育领域的应用为学习提供了全新的维度，通过高度真实的模拟环境，不仅加深了学生对学科知识的理解，还极大地增强了学习的趣味性和互动性。随着 VR 技术的进一步发展和普及，预计未来其在教育领域的应用将更加广泛，为更多学科领域提供创新的学习方法。

虚拟现实（VR）技术正逐步改变远程教育的面貌，通过创造更加互动和引人入胜的学习环境，使得在线教育体验更贴近传统的实体学习体验。

（二）虚拟校园的建设与应用

虚拟校园利用 VR 技术创建了一个三维的互动环境，允许远程学习者在其中"行走"和探索，仿佛他们真的在一个实体校园内。学生可以在这个虚拟空间内与教师和其他学生进行实时交互，参加讲座、研讨会和社交活动。这种沉浸式的环境不仅模拟了实体校园的学习和社交体验，还增强了学生的社交互动和学习参与感。例如，学生可以在虚拟图书馆中相互讨论，或在虚拟教室中共同完成项目。

通过模拟实体教室的互动方式，VR 技术极大地提升了远程教育的动态性和互动性。在 VR 环境中，教师可以进行实时的教学和反馈，学生可以通过虚拟举手、参与小组讨论或在虚拟环境中直接与教师和同学交流。这些互动不仅使学习过程更加活跃，也提高了学生的参与度和满意度。此外，VR 技术还可以实现复杂的实验或场景模拟，使学生能够在安全的虚拟环境中进行实践操作，这对于科学、工程或医学等需要大量实践的学科尤为有益。

随着技术的不断进步和成本的降低，预计虚拟校园和 VR 驱动的远程教育将成为更多教育机构和学生的选择。这种新型教育方式不仅能够突破地理和物理的限制，还能提供更加丰富和多样化的学习体验，有望彻底改变传统教育模式。

（三）实践与技能培训

虚拟现实（VR）技术在实践操作和专业技能培训领域提供了极具价值的应用，特别是在那些需要高级技能和精确操作的专业领域。VR 技术通过创建安全无风险的模拟环境，使学生能够无限制地练习和完善他们的技能。

在需要精细操作和高风险意识的领域中，VR 技术已成为一个重要的训练工具。例如，在外科手术训练中，VR 允许医学生模拟各种手术操作，如心脏手术、腹部手术等，学生可以在完全模拟的手术环境中练习，而不用担心对真实病人造成风险。同样，在机械操作训练中，VR 技术可以模拟复杂机械的组装和操作流程，学生可以通过反复练习来熟悉操作过程和解决可能出现的问题。

在医学领域，VR 技术不仅用于手术训练，还被应用于诊断训练、紧急情况响应等方面。这些高度逼真的模拟训练使得医学生和医生能够练习在各种医疗情况下的决策和操作技能。在工程领域，VR 被用来模拟建筑施工、桥梁建设和复杂机械装配，学生可以通过操作虚拟模型来理解复杂的工程原理和施工技巧，这不仅帮助他们更好地掌握理论知识，还能提前获得实际操作经验。

通过这些应用，VR 技术极大地增强了学习体验的互动性和实践性，让学生能够在安全、可控的环境中学习和应用复杂的专业技能。随着技术的持续进步和应用领域的扩展，预计 VR 将在更多专业培训领域发挥关键作用，成为标准的训练工具。

（四）跨学科与多学科教育

虚拟现实（VR）技术为跨学科和多学科教育开辟了新的道路，通过提供一个沉浸式的学习环境，使得不同学科之间的知识融合成为可能，从而极大地丰富了教育的深度和广度。

VR 环境可以整合来自不同学科的资源和内容，创建一个多元化的学习平台。例如，学生可以通过 VR 体验在一个综合的环境中学习艺术历史和建筑设计，如探索文艺复兴时期的意大利，同时学习关于那个时期的建筑风格和艺术作品。同样，将生物学与环境科学结合的 VR 应用可以让学生在模拟的自然环境中学习生态平衡和生物多样性，这样的学习体验不仅提高了知识的吸收率，还激发了学生的探索兴趣和创新思维。

VR 技术支持创建复杂的真实场景，这些场景通常需要多学科知识的结合来全面理解。例如，一个关于海洋生态系统的 VR 模拟可以结合海洋学、生物学、化学和环境科学的元素，让学生在探索海洋生物多样性的同时，理解化学物质如何影响海洋环境。此外，历史事件的重现，如古埃及的金字塔建造或第二次世界大战的重要战役，可以通过 VR 让学生从历史、政治、军事和社会学的角度共同探讨，深化对事件复杂性的理解。

通过这些跨学科和多学科的 VR 应用，学生能够在一个互动且真实的学习环境中，从多个视角和维度理解和解决问题。这种教育模式不仅提升了学生的知识深度和广度，还促进了创新能力的培养。随着 VR 技术的不断发展和完善，预计这种跨学科和多学科的教学方法将在未来的教育中扮演越来越重要的角色。

四、 AI 与 VR 的结合应用

(一) 智能虚拟教室

智能虚拟教室结合了人工智能（AI）和虚拟现实（VR）技术，为学生提供一个高度个性化且极具互动性的学习环境。这种教室模拟真实的教学环境，但其教学可能性和适应性远超传统教室，能够更好地满足现代教育需求。

在智能虚拟教室中，AI 技术的应用主要集中于管理学习过程、个性化调整教学内容和监控学生的表现。AI 可以分析学生的互动数据和学习成果，根据学生的学习进度和表现实时调整课程难度和深度，确保教学内容既具挑战性又适合学生的学习水平。同时，VR 技术提供沉浸式的视觉和听觉体验，使学生感觉自己仿佛身处一个真实的教室，可以与教材、教师和同学进行自然的互动。

结合 AI 和 VR 的智能虚拟教室不仅能够提供定制化的学习体验，而且通过模拟实际操作和提供实时反馈，大大增强了学习的互动性和实践性。例如，学生可以在 VR 环境中进行科学实验，AI 系统会根据学生的操作给出即时反馈和指导，帮助学生理解复杂概念并纠正操作中的错误。此外，这种教室环境还可以支持跨文化交流和协作项目，学生可以与全球各地的同学一起工作，解决问题，从而培养他们的全球视野和团队协作能力。

智能虚拟教室的这些特点不仅使得学习更加个性化和富有成效，还能够适应各种教育需求，从基础教育到专业培训。随着 AI 和 VR 技术的进一步发展，我们可以预见，这种智能虚拟教室将在未来的教育领域中发挥越来越重要的作用。

（二）虚拟学习伙伴与导师

AI 驱动的虚拟伙伴与导师在现代教育中扮演着越来越重要的角色，它们提供协作学习支持和个性化指导，使学习过程不仅更加高效，还更具吸引力。

这些虚拟角色利用先进的 AI 算法，能够理解学生的需求和反应，并根据学生的具体情况提供定制的学习建议和支持。这种智能化的交互方式使得虚拟导师能模拟真人教师的行为，如提出问题、解释复杂概念、引导讨论等，从而帮助学生更深入地理解学科内容。例如，一个虚拟导师可以针对学生在特定概念上的困惑，提供详细的解释和额外的练习题，以确保学生能够完全掌握和应用这些概念。

在 VR 环境中，虚拟伙伴和导师不仅可以为单个学生提供辅导，还能够促进学生之间的协作学习。这些虚拟角色可以组织和管理虚拟学习小组，引导学生共同探讨和解决问题，或者在模拟的职业环境中合作完成项目。这种协作学习不仅使学习过程更具互动性和趣味性，而且有效地提升了学生的沟通能力、团队协作能力以及社交技巧。通过参与这些虚拟互动，学生可以在安全的环境中实践和提高他们的专业技能和人际关系管理能力。

总体来说，AI 驱动的虚拟伙伴和导师通过提供个性化的学习支持和促进协作学习的机会，极大地丰富了教育体验，为学生提供了一个更加灵活和动态的学习环境。随着技术的持续发展，这种虚拟教育工具的能力和应用范围预计将进一步扩展，为更多学生带来更有效和吸引人的学习体验。

第三节 政策与实践建议

一、引言

随着全球化和技术革新加速，教育领域面临着前所未有的挑战和机遇。这些变化要求教育系统不仅要适应新的经济和社会需求，还要利用新兴技术来革新教学方法和学习模式。当前教育模式面临着包括技术适应性、教育质量不均、学生需求多样性增加等多方面的挑战。同时，技术进步如人工智能和虚拟现实的引入提供了改善和创新教育方式的巨大机会。有效的政策支持和合理的资源配置是推动教育变革和确保教育系统平稳过渡的关键。这包括政府的政策制定、教育经费投入，以及科技与教育资源的合理分配。对未来教学模式的发展进行深入探讨，不仅有助于优化现有教育政策和实践，还能显著影响教学质量和学生的整体发展。

二、政策支持的必要性

（一）制定明确的政策目标

为了促进未来教学模式的发展，政府和教育主管部门需要制定明确的政策目标。首先，应确定支持创新教学模式的重点领域，例如数字化学习、人工智能在教育中的应用、跨学科教育等。这些领域不仅是当前教育改革的热点，也是未来教育发展的重要方向。其次，制定具体的实施计划和时间表，明确各项政策的实施步骤和关键节点，确保政策能够有序推进。

（二）提供政策激励措施

为了激励高校积极开展教学模式创新，政策支持应包括一系列激励措施。设立专项资金和奖励机制是必要的，可以用于支持高校进行教学设备更新、教师培训以及教学模式创新的实验和推广。同时，政府应鼓励高校通过政策优惠和奖励，积极探索和实施新的教学模式。例如，给予在教学模式创新方面表现突出的高校额外的财政支持和表彰，以激发更多高校参与到教育创新的行列中来。

（三）加强政策监督与评估

为了确保政策能够有效实施，必须建立健全的政策实施监控体系。通过设立专门的监督机构，对政策的落实情况进行跟踪和监控，及时发现和解决实施过程中出现的问题。此外，还需要定期评估政策效果，根据评估结果及时调整和优化政策策略。评估可以包括对教学效果、学生反馈、教师适应情况等多方面的调查和分析，以确保政策真正能够促进教学模式的改革和提升教育质量。

三、资源配置的关键因素

（一）财政资源

财政资源是推动教育发展和教学模式创新的重要保障。首先，教育经费的合理分配至关重要。政府和教育主管部门应确保教育经费优先用于支持创新教学模式的发展，特别是在数字化学习平台、人工智能应用、跨学科课程等方面的投入。其次，资金使用的透明度与效率也是关键。通过建立透明的资金管理制度和高效的使用机制，确保每一笔教育经费用都能于提升教学质量和学生的学习体验。

（二）人力资源

高素质的教师队伍是实现教学模式创新的核心。教师队伍的建设与培训必须得到重视。高校应通过持续的专业发展培训和教学能力提升计划，帮助教师掌握最新的教学技术和方法。同时，教学辅助人员的配置与管理也不容忽视。这些人员在支持教学、管理实验室、提供技术支持等方面发挥着重要作用，必须确保他们具备必要的专业技能和良好的工作环境。

（三）物质资源

物质资源的充足与否直接影响教学效果和学生的学习体验。教学设施与设备的配置应符合现代教学的需求，包括智能教室、多媒体设备和实验器材等。此外，图书馆与实验室的建设也至关重要。图书馆作为知识资源的中心，应不断更新馆藏，提供丰富的学习资源和舒适的学习环境。实验室则应配备先进的实验设备和技术支持，以满足学生动手实践和科研探索的需求。

（四）技术资源

在信息化时代，技术资源是推动教学模式创新的重要因素。信息技术基础设施的建设是基础，包括高速网络、云计算平台和数据中心等，以确保教学活动的顺利进行。数字化教学资源的开发与应用也至关重要。高校应积极开发高质量的数字化教材、在线课程和教学软件，并鼓励教师将这些资源应用于日常教学中，以提高教学效果和学生的学习兴趣。

四、政策支持的实施策略

（一）系统化的政策制定

系统化的政策制定是政策支持成功实施的基础。首先，政策的科学制定与合理规划至关重要。决策者应基于充分的调研和数据分析，制定出符合实际需求和发展趋势的政策。在此过程中，决策者需综合考虑各类教育主体的需求和意见，确保政策的可行性和实效性。其次，政策实施方案应包含短期与长期目标。短期目标应具体且可操作，为政策实施提供明确的方向和步骤；长期目标则应着眼于未来的发展，确保政策具有持续性和前瞻性。

（二）协同合作机制

政策的有效实施需要各方的协同合作。教育部门与高校之间应建立密切的合作关系，共同推进教学模式的改革和创新。教育部门应提供指导和支持，高校则应积极响应并落实相关政策。同时，政府、企业与社会力量的共同参与也至关重要。企业可以提供技术支持和实践平台，社会组织可以提供多样化的资源和支持，政府则应发挥协调和引导作用，形成多方协同的良性互动机制。

（三）监测与反馈机制

有效的监测与反馈机制是确保政策实施效果的重要保障。首先，应建立健全的政策实施监测系统，通过定期数据收集和分析，对政策实施的进展和效果进行跟踪和评估，及时发现问题并采取相应措施。其次，及时反馈与政策调整机制也不可或缺。根据监测结果和各方反馈，及时调整和优化政策策略，确保政策始终符合实际需求并取得预期效果。通过不断地循环反馈和调整，政策实施才能真正实现其目标，推动教育的发展与进步。

五、资源配置的优化策略

（一）提高资源利用效率

提高资源利用效率是优化资源配置的重要策略。首先，建立资源共享与合作机制可以显著提升资源的利用率。高校间应建立资源共享平台，互通有无，共享教学设备、科研设施和教学资源。此外，区域内高校和其他教育机构之间的合作也能促进资源的合理配置。其次，资源使用的精细化管理是关键。通过现代化的管理手段和信息技术，实施精细化管理，提高资源使用的透明度和效率。例如，建立教学设备使用管理系统，合理安排设备的使用时间和频率，避免资源浪费。

（二）增加资源投入

为了支持教学模式的创新和教育质量的提升，必须增加资源投入。政府应加大财政支持力度，提供专项资金用于教育资源的建设和更新。同时，积极引入社会资金，通过与企业合作、设立教育基金等方式，多渠道筹集资金。高校自身也应增强自筹资金的能力，拓宽筹资渠道，如校友捐赠、科研项目经费等，并合理使用这些资金，确保每一笔投入都能最大限度地发挥作用。

（三）平衡资源分配

平衡资源分配是实现教育公平和提升整体教育质量的关键。首先，应确保不同学科和部门的资源平衡。根据各学科的发展需求和实际情况，合理分配教育资源，避免某些学科资源过度集中或严重不足。其次，注重欠发达地区和薄弱环节的资源倾斜。通过政策支持和专项资金，优先保障这些地区和环节的教育资源投入，缩小区域和校际的教育差距，促进教育的均衡发展。政府和高校应共同努力，通过科学的规划和有效的措施，确保资源配置更加公平和合理。

六、应对策略与实践建议

（一）加强技术培训与支持

为了顺利实施技术驱动的教学模式，加强技术培训与支持是关键。首先，为教师提供系统的技术培训，使他们能够熟练掌握新技术的使用方法和教学应用技巧。培训内容应包括基础技术操作、高级应用以及教学设计中的技术整合。其次，提供学生使用技术的指导与支持。高校应设置专门的技术支持团队，帮助学生解决技术使用中的问题，并提供技术使用的培训和资源，确保学生能够充分利用技术资源进行学习和研究。

（二）增加技术投入与维护

合理规划与分配教育经费，确保技术投入充足是应对技术应用挑战的重要策略。高校应制定长期的技术投入计划，确保教学设备和信息技术系统的采购和更新。同时，建立技术维护与更新机制，确保设备和系统的正常运行。定期进行技术设施的检查和维护，及时发现和解决问题，避免因设备故障影响教学活动。此外，高校应与企业和技术供应商建立合作关系，获得技术支持和设备援助，降低技术投入成本。

（三）保障数据隐私与安全

数据隐私与安全是技术应用中的重要问题。高校应制定严格的数据保护政策，明确数据收集、存储、使用和共享的规定，确保学生和教师的数据隐私得到保护。实施有效的网络安全防护措施，建立完善的网络安全基础设施，防止网络攻击和数据泄露。高校还应定期进行网络安全审计和风险评估，及时发现和应对潜在的安全威胁。同时，开展网络安全教育，增强师生的安全意识和防护能力。

（四）推动教学模式的平稳过渡

为了实现从传统教学向技术驱动教学的平稳过渡，高校应逐步引入 AI 和 VR 驱动的教学模式。可以从部分课程或实验项目开始试点，积累经验和成果，然后逐步推广到更多的教学环节。同时，鼓励教师和学生积极参与到新教学模式的探索和实践中来。通过提供培训、资源和支持，帮助教师和学生适应新的教学方式。高校应建立激励机制，奖励在教学模式创新中表现突出的教师和学生，促进更多人参与到教育技术的应用和创新中来。

参考文献

[1] 冯程, 李瑞海. 高校教育教学模式创新研究[M]. 成都: 四川大学出版社, 2023.

[2] 何聚厚. 高校教学模式创新与实践研究(5)[M]. 西安: 陕西师范大学出版总社有限公司, 2021.

[3] 张悦. 教海探航: 现代高校教学模式与方法探索研究[M]. 北京: 中国商业出版社, 2023.

[4] 彭嫣, 潘自舒, 汤晓云. 高校教学模式与学生发展研究[M]. 长春: 吉林人民出版社, 2020.

[5] 达巴姆. "互联网+"时代高校课堂教学模式改革与创新研究[M]. 长春: 吉林人民出版社, 2021.

[6] 王少英. 新工科视域下混合教学模式的构建与实践[M]. 北京: 北京理工大学出版社, 2022.

[7] 冯叔民. 全程互动教学模式实践与研究[M]. 北京: 煤炭工业出版社, 2019.

[8] 王志和. 基于网络环境高校课程混合式教学模式的研究与实践[M]. 延吉: 延边大学出版社, 2019.

[9] 姚轶洁. 基于学习数据的适应性教学模式研究与案例[M]. 广州: 广东高等教育出版社, 2022.

[10] 朱德全, 宋乃庆. 课程教学模式论: 中学教育与农村建设[M]. 北京: 人民教育出版社, 2011.

[11] 张铁勇. 教学模式的改革与创新[M]. 天津: 天津社会科学院出版社, 2010. [12] 高文利, 秦忠翼, 王琼. 创造型课堂教学模式研究[M]. 广州: 世界图书广东出版公司, 2013.

[13] 陈建新, 等. 混合式教学模式——高校共享课程的新探索[M]. 上海: 复旦大学出版社, 2014.

[14] 皇甫菁菁. 高校教学理论研究与实践[M]. 长春: 吉林出版集团股份有限公司, 2022.

[15] 熊斌. 民办高校的改革与发展模式研究[M]. 长春: 吉林文史出版社, 2021.

[16] 董健康. 教学模式的研究与实践[M]. 天津: 天津大学出版社, 2007.

[17] 郭娟. 高校混合式教学改革与创新[M]. 北京: 中国商务出版社, 2023.

[18] 周冠怡彤, 蒋笑阳, 刘洋. 高校创新创业教育改革与探索[M]. 北京: 九州出版社, 2022.

[19] 王文举, 张琪. 突破创新: 教学模式改革与探索[M]. 北京: 首都经济贸易大学出版社, 2013.

[20] 梁丽肖. 教育信息化背景下高校管理机制探究[M]. 长春: 吉林人民出版社, 2021.

[21] 毛丽娟. 上海高校优质混合式在线课程示范案例集[M]. 上海: 复旦大学出版社, 2021.

[22] 冷静. 翻转课堂的基础理论与高校教学实践[M]. 厦门: 厦门大学出版社, 2021.